災害が来た！どうするマンション

旭化成不動産レジデンス
マンション建替え研究所
大木祐悟

認定 NPO 法人
かながわ 311 ネットワーク
代表理事
伊藤朋子

編著

ロギカ書房

■はじめに

　近年、全国各地で自然災害が猛威を振るっています。

　マンションは堅牢な建物ですから、通常の建物と比較すれば被害は少なくなる傾向がありますが、大きな災害が発生すると、一定の被害を受けることがありますし、災害の規模によっては建替え等を検討しなければいけない事態も考えらます。こうしたことから、近年は「マンション防災」の必要性が唱えられ、防災組織を設置しているマンションの数も増えています。

　ところで、実際のマンション防災の検討をするときには、留意したいことが2つあります。1つが、これまでの災害で発生したことをベースに必要な準備を行うことです。具体的には兵庫県南部地震や東日本大震災、熊本地震のほか、2019年の台風19号の被害などが1つのベースになると思います。

　留意すべき点の2つ目は、被災マンションを復興する際の手続きについての理解です。特に被害が大きくなると、使う法律も異なりますし、法律の中で適用される条項も違います。その意味で、防災を考えるときにはこの方向からの検討も不可欠となります。

　本書は、前者については様々な被災事例を知る伊藤朋子が、後者についてはマンション再生問題に精通している大木祐悟が解説をすることでこの2つの視点からマンション防災のヒントを提供することを目的としています。また、先進的なマンション防災に取り組んでいるいくつかのマンションの事例等も紹介しています。

　さて、大正12年に発生した関東大震災から、今年（令和5年）はちょうど100年という節目の年になります。できれば、今後も何事もなく過ごしたいとは思いつつも、十分な備えは必要です。そうした際に、本書が少しでも役にたつのであれば、これに勝る喜びはありま

せん。

　最後になりますが、ロギカ書房の橋詰守さんにはこの本の刊行に際して大変お世話になりました。この場を借りて御礼申し上げます。

2023 年 1 月

大木 祐悟

伊藤 朋子

目次

はじめに

第1章
はじめに 1

第2章
災害がおきるとどうなるか　　21

第3章
マンション防災対策　　49

第**4**章
被災マンションの復興の手続き　135

第**5**章
団地内の建物が
被害をうけた場合の復旧　　191

第1章

はじめに

天災は忘れたころにやってくる

世界各地で様々な紛争が生じているなかで、わが国はここ数十年にわたり戦争に巻き込まれることもありませんし、犯罪の発生も少ない安全な国であるといわれています。もっとも、一方で、日本は世界有数の地震国ですし、毎年どこかで台風の被害も生じているため「災害大国」ということができるかもしれません。

寺田寅彦は「天災は忘れたる頃くる」という言葉を残していますが、この言葉のとおり、大規模災害はある一定の周期で発生しています。しかも、最近は大きな災害が発生する周期が短くなっているようにも感じられます。

このことについて「震度5弱以上」と「震度6弱以上」の地震がどのくらいおきているのか、気象庁のホームページで確認したデータ（2010年以降）をグラフにしてみました（**グラフ1-1**）。

グラフ1-1　震度6弱以上の地震の発生状況

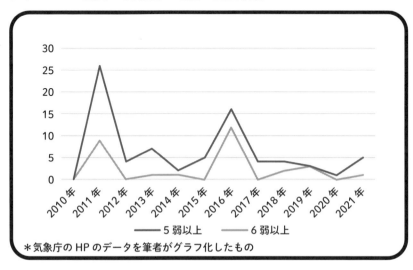

＊気象庁のHPのデータを筆者がグラフ化したもの

　このグラフの中で 2011 年と 2016 年の地震の数が多い理由は、それぞれ東日本大震災と熊本地震の余震等が関係していますが、注意しなければいけないことは 2011 年の地震もすべてが東北から北関東沖で起きているわけではありませんし、2016 年の地震も熊本周辺のみで発生しているわけではないことです。

表 1-1　震度 6 弱以上の地震の発生場所と階数

年	北海道	宮城県沖	三陸沖	福島県沖	山形県沖	茨城県沖	長野県	東海	兵庫県沖	大阪府	鳥取県沖	熊本県
10												
11		1	1	2		1	3		1			
12												
13										1		
14								1				
15												
16	1					1					1	9
17												
18	1									1		
19	1				1							1
20												
21				1								

気象庁の HP のデータを筆者が作表したもの

　表 1-1 は、2010 年から 2021 年にかけて震度 6 弱以上の地震がどの場所で起きたかをまとめたものですが、東日本大震災の年である 2011 年には兵庫県沖でもこの規模の地震が起きていますし、中越地方では 3 回も発生しています。また熊本地震が起きた 2016 年も、北海道や鳥取のほか茨城県沖でも震度 6 弱以上の地震が発生している

ことがわかります。

　そのほかの年も数は多くないものの、この規模の地震が様々な場所
発生していることが確認できますが、この表に示す 11 年間という短
い期間でも、**全国各地で大きな地震が何度も発生している**ことを確認
することができます。

　次に、風水害について見てみましょう。同じく気象庁のホームペー
ジから、災害を引き起こした気象事例について、こちらは 1989 年か
ら 2021 年までのデータをグラフ化したものです。

グラフ 1-2

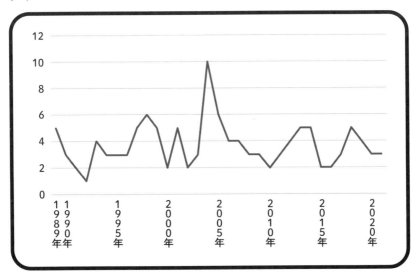

　地球温暖化の影響か、このところ毎年のように風水害の被害が報告
されていますが、こうした災害も最近急に増えたわけではなく、頻度
はあまり変わっていないことがこのグラフで確認することができます。
もっとも、最近は、**「50 年に一度の災害」とか「100 年に一度の災害」
という言葉を頻繁に聞くようになった**ことも確かですから、被害の度
合いはより大きくなっているものと思われます。

　いずれにしても、残念ながら**日本国内のどの場所であっても、自然災害に襲われるリスクがある**ことは覚悟しておかなければいけないようです。

　なお、私たちが災害に見舞われたときに受ける被害については、第2章で詳しく述べているので、こちらをご参照ください。

大規模災害に見まわれたとき

大きな災害が発生すると、私たちの生活面では様々な支障が生じます。例えば、水道や電気・ガス等のインフラが被害を受けると、それらを利用することができない生活が何日も続く可能性がありますし、道路や鉄道が大きな被害を受けると、復旧するまでは物流にも影響がでてくるため、被災直後は食料や生活必需品の調達もままならなくなることが考えられます。

　そのほか、仕事にも支障が出る人も多くなるなかで、生活の拠点である住宅が全壊あるいは大規模半壊して居住することができなくなると、生活の再建と住まいの再建を同時に進めなければいけなくなります。

▶大規模災害に見舞われたときに必要となる3つの再建

大きな災害が発生すると、建物の被害など、目に見える被害がクローズアップされます。

図1-1　災害発生時の3つの被害

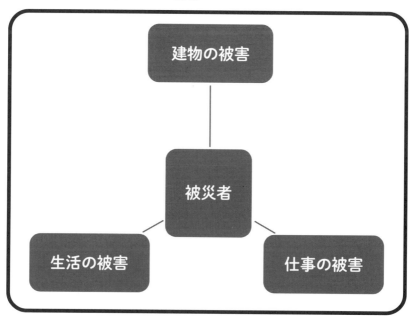

　大規模災害により、このなかのどれか1つでも該当すると、その再建はかなり大変なことになるでしょう。まして、これらが2つ、3つと重なると、再建を進めるための被災者のストレスはより大きなものになるはずです。

　そのため、日ごろから万が一の場合を考えて、準備をしておくことが必要となります。具体的には、防災備品の備蓄などのほか、特に建物の耐震化は心がけておきたい事項です。

　もっとも、このような話をすると、「建物の耐震化をしても、巨大地震があれば大きな被害を受ける可能性がある。それならば、建物が壊れたときに建替えるほうがよいのではないか」等という人もいます。確かに、これまでの地震でも、新耐震基準の建物の中には大きな被害を受けた事例はあります。ただし、旧耐震基準の建物と比較すると被害の度合いが少ないことも事実です。

　また、第3章でも述べますが、建物の被害が比較的軽くてすめば、在宅避難も可能ですから、避難所で過ごすストレスも軽減されるはずですし、建物の復旧に要する費用も少なくて済みます。住まいの安全性の確保は、所有者の判断で対応することができるので、早めに心がけていただきたい事項です。

コラム

大規模災害が発生すると、建築単価も上昇する

　大規模災害が発生して多くの建物で被害が生じると、建物の復興需要も一気に増えることになります。一方で、建築資材の供給にしても、また建設に携わる職人さんの数も急に増やせるものでもない状態、言い換えると「需要に対して供給が追い付かなくなる状況」になるため、建築コストも上昇することになります（注1）

　すなわち、耐震性に問題がある建物について、耐震補強を行わなかった結果、被災程度がより大きくなると復旧に要する費用もかさむほか、そもそも職人不足で復旧の工事にも時間がかかる可能性もあります。

　こうしたことを考えると、建物の耐震性の確保は重要であることが理解できるのではないでしょうか

　注1　鹿窪努「市場単価に対する熊本地震の影響」建築コスト研究　No. 105　2019年4月を参照のこと。

公助を
あてにすべきか

災害が起きた時には、自助・共助・公助が大切であるという話をよく聞きます。また、中には、「税金を払っているのだし、行政も災害に備えて備蓄をしているのだから、いざというときは公助をあてにすればよい」等と言う人もいます。では、「いざ」というときに、公助はあてにすることができるのでしょうか？

結論から言うと、特に大都市部では**「初動期は、公助はあてにできない」ことを前提にして準備をすべき**です。

そもそも大規模災害が発生すると、行政はやらなければいけないことが山のようにでてくるわけですし、所管の役所が司令塔となるため、当初は情報の収集に追われるはずです。

加えて、特に、首都圏直下型の大地震が勤務時間以外に起きるようなことになると、職員が役所に出勤することも困難となるでしょう。

次に備蓄です。最近では、「万が一に備えて、1週間分の水や食料を用意しよう」といわれています。ちなみに、1人当たりの水の消費量の目安は、大人の場合で1日3ℓといわれていますので、2ℓのペットボトル6本が入ったケースで大人1人の4日分となります。あるいは、このケース1つで、4人家族の1日分の水に相当するため、4人家族で1週間分の水は7ケース分に相当することになります。

これだけの分量の水を行政が住民の数だけ備蓄することは不可能です。

もちろん、自衛隊の給水車が来てくれることを待つことも考えられますが、特に被災発生初期の時点では道路網も寸断されている可能性もありますし、そもそも、毎日何リットルもの水を給水ポイントから自宅まで運ぶことも大変です。こうしたことを考えると必要な備蓄

は自分で準備することが不可欠です（備蓄すべき備品については第 3 章の 80 頁以降で詳しく説明します）。

図 1-2　4 人家族で必要な備蓄のイメージ

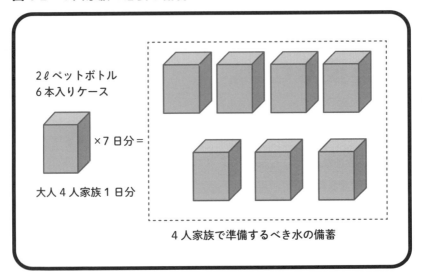

2ℓ ペットボトル
6 本入りケース

×7 日分＝

大人 4 人家族 1 日分

4 人家族で準備するべき水の備蓄

　もちろん、初動期以降については、徐々に行政機関も機動力を回復することになると思われます。特に復興の過程では行政の協力は重要ですが、初動期においては「自助」及び「共助」による部分が極めて大きくなると考えて準備をしておくことが必要です。
　自助・共助・公助の詳細については第 3 章をご参照ください。

マンションで防災を考えるときの基本

▶区分所有者の合意形成が必要な理由

さて、マンションの防災やマンションが被災したときの復興について考えるときの基本は、「区分所有者の合意形成」だといわれています。一方でマンションの権利は、区分所有権といわれていますし、「面倒な近所づきあいをしたくないからマンションに住んでいる」という人もいます。

それでは、なぜ、マンション防災等を考える際に、区分所有者の合意形成が必要なのでしょうか？

図 1-3　4 階建て 12 戸のマンションの概念図

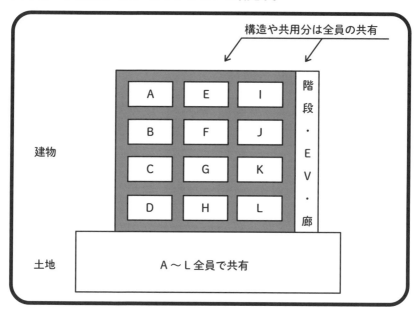

　マンションの区分所有者がそれぞれの住戸を「区分所有」していますが、「建物の構造部分」や、「廊下」・「階段」・「エレベータ」等の共用部分と土地は、基本的には区分所有者全員で共有しています。そのため、それぞれが区分所有している各住戸の内部については、原則として区分所有者が自分の好みでリフォームをすることは可能ですが、構造や共用部分の管理や変更をするときは、管理組合の総会等（区分所有者集会のこと。本書では管理組合の有無にかかわらず「管理組合の総会」、団地の場合は「団地管理組合の総会」といいます）の決議が必要です。

　では、大規模災害で建物の構造等に被害が生じた場合はどうでしょうか。**壊れた建物を建替えるときだけでなく、元の状態に戻すとき（復旧）でも、管理組合の総会の決議が必要**となります（建物が大規模一部滅失をしたときや建替えの決議については第4章をご参照ください）。

　マンションでは、日常の管理はもとより災害の復旧を進めるときも、区分所有者の多数が費用負担も含めた手続きについて納得しないとその後の手続きを進めることができません。そのために、合意形成の活動が必要となります。

▶災害時の事を考えると、マンションは問題のある不動産か

　マンションが被災したときに、復旧についても合意形成が必要である旨の話をすると、「面倒くさいからマンションに住みたくない」と考える人もいるように思われます。たしかに区分所有者の合意形成は、手間も時間もかかる作業ではありますが、一方で「**マンションである強み**」もあります。

　第一は、**ほとんどのマンションは丈夫な構造になっていること**です。もちろん、旧耐震基準の建物等、問題のあるものがあることは事実で

すし、前述のとおり新耐震基準の建物であっても大きな地震に遭遇すると被害を受けることもあります。しかしながら、通常の一戸建て住宅よりも被害のレベルは相対的には少なくなっていますし、例えば風水害に遭遇したとしても、設備面での被害を受けることはあっても建物の構造に致命的な影響を受ける可能性は低いはずです。

第二は、「**多くの人の協力を受けることができる**」点です。マンションは多くの区分所有者で構成される不動産ですから、復旧等を進めるときに合意形成が必要である反面、区分所有者の中には様々な知見を持つ人が含まれています。そうした各区分所有者の能力をうまく使うことができれば、復旧の活動も行いやすくなりますし、そもそも1人で何もかも進めるよりも仲間と進めるほうが気力も勇気も沸くことが少なくありません。

ただし、多くの区分所有者の力を有機的に利用するためには、日ごろからの準備も必要であることは認識をしておくべきでしょう。

そのほか、多くのマンションでは**修繕積立金を積んでいることもメリット**といえるでしょう。もっとも、一般的には修繕積立金は「大規模修繕」をするために必要な金額しか積み立てていないため、仮に積み立てられた修繕積立金を被災したときの復旧の費用で使ってしまうと、次の大規模修繕時に費用が足りなくなる可能性があります。

しかしながら、とりあえずは復旧をするための原資とすることができる資金があることは、マンションが被災したときのことを考えると大きなメリットであると考えることができます。

図 1-4

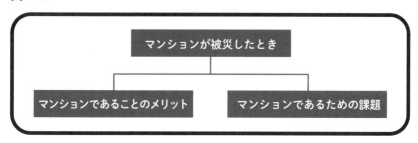

- ●基本的に丈夫な構造であること
- ●多くの人の知見を利用できること
- ●修繕積立金を利用できること
- ●何事にも合意形成が必要なこと

▶マンションの 管理組合について

多 くのマンションには「管理組合」があります。では管理組合とはどのような団体なのでしょうか。

　実は、マンションの基本法といわれている、「建物の区分所有等に関する法律」（以下「区分所有法」といいます）には、管理組合法人についての規定はありますが、法人格を持たない管理組合については特に定めがなく、あるのは「区分所有者の団体」（第3条）という規定だけです。

　法律の文章なので難しく書かれていますが、少し我慢してこの規定を読んでみましょう。

区分所有法第3条

区分所有者は、全員で、建物並びにその敷地及び附属施設の管理を行う団体を構成し、この法律の定めるところにより、集会を開き、規約を定め、及び管理者をおくことができる。一部の区分所有者の意の共用に供せられるべきことが明らかな共用部分（以下「一部共用部分」という。）をそれらの区分所有者が管理をするときも、同様とする。

　このなかの前段の部分、つまり「全員で、建物並びにその敷地及び

附属施設（以下「建物等」といいます）の管理を行うための団体を構成」するということは、区分所有者であれば、当然に建物等を管理する団体のメンバーであることです。つまり、マンションを購入した人はすべてそのマンションを管理する団体のメンバーになりますし、マンションを売却するとその時点で団体のメンバーではなくなることを意味します。

　要は、区分所有法第3条の団体とは、「建物や土地を共有する者の団体」であることを示しています。そしてこの団体は、「集会を開き」、「規約を定め」、「管理者をおく」ことができる旨が規定されています。

　一般には、この区分所有法第3条に規定される団体が管理組合であるとされていますが、繰り返しですが区分所有法にはこの団体は「管理組合である」とは書かれていません。では、マンションの管理組合についてはどこで規定されていているかといえば、それぞれのマンションの「規約」です。そのため、規約のチェックをすることは区分所有者にとって重要なことといえるでしょう。

▶マンション内の　コミュニティ活動について

以上で述べたような管理組合の特性から、厳密に考えると、区分所有者から部屋を借りて住んでいる人物はもとより、区分所有者の家族も管理組合の構成員ではありません。

　一方で、マンションにおいては居住者間の交流（以下、居住者が交流するための活動を「コミュニティ活動」といいます）が重要であるという話もよく聞きますし、特にマンションの被災時における「共助」の観点に立つと、日ごろからのコミュニティ活動はとても重要であることが理解できます。ただし、マンションの居住者には、部屋を借りて住んでいる人もいることを考えると、管理組合の活動とコミュニティ活動を混同してはいけないことに注意が必要です。

　この関係を図式化すると、**図1-5**のようになります。

　つまり、区分所有者はマンション内に居住する区分所有者とマンション外に居住する区分所有者に分けることができますが、居住しているか否かにかかわらず管理組合は区分所有者で構成されますし、管理費や修繕積立金も区分所有者が支払っています。

　一方でマンション内に居住して、居住者コミュニティを構成するのは、マンション内に居住する区分所有者のほか、居住区分所有者の同居親族や住戸を区分所有者から借りている人物となります。このうち、区分所有者以外の人物は管理組合員でもありませんし、管理費や修繕積立金を支払っているわけでもありませんが、一方でマンションという共同生活の場に居住する者として、「建物又はその敷地若しくは附属施設の使用方法につき、区分所有者が規約又は集会の決議に基づいて負う義務と同一の義務を負う」（区分所有法46条2項）とされています。

　また、難しいことは別にしても、「万が一のときにお互い助け合いましょう」ということについては、「所有者」だとか「借家人」だとかいう区別は意味がないこととなるでしょう。

　なお、こうしたコミュニティ活動は、管理組合とは別に自治会等を立ち上げて行うことが良いのではないかと思います。

　この点については、第3章の「マンションという不動産の特性も理解しよう」のパートなどもご参照下さい。

図 1-5

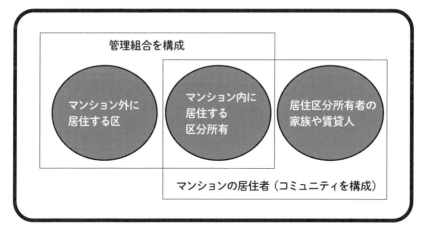

　現実に、災害によりマンションが被災した直後には、このようなうるさいことをいう人は多くないとは思いますが、例えば管理組合が備蓄している水や非常食のようなものを配分する際に、「これは区分所有者の費用で購入したものだから、賃借人に配るのはおかしい」等の発言をする人が出てきてもおかしくありません。

　一方で、生活弱者のサポートを考えるときは、区分所有者か賃借人か等についてこだわる意味がありません。

　以上のようなことを考えると、日ごろから規約や細則を整備してルールを決めておくことに加えて、災害時の行動指針も作ったうえで管理組合の総会で決議をしておくべきでしょう。

マンション防災を
どのように考えるべきか

▶過去の経験を理解したうえで準備をすること

兵庫県南部地震以降、いくつかの地震でマンションが被害を受けているほか、最近では水害による被害を受けた事例などもでています。そこで、マンションが被災したときにどのようなことが起きるかを理解したうえで、必要な対応を考えることが大切です。

もっとも、例えば首都圏直下型の地震が発生したときは、その被害の程度は兵庫県南部地震や東日本大震災と比較してもより大きなレベルとなることも考えられます。その意味では、例えばより多くの備蓄の検討等も必要かもしれません。

また、場所によっては火山の噴火による被害も視野にいれておく必要があるでしょう。例えば首都圏では、宝永噴火以来300年以上経過している富士山の噴火なども想定しておく必要があるでしょう。

もちろん被害状況は想像するしかないことになりますが、特に二次的な降灰による被害は、インフラや交通障害の被害については地震の際の被害と重なる部分も少なくないはずです。

▶他のマンションの事例を参考にすること

万が一のときに備えて色々な取り組みをしているマンションも少なくありません。そうしたマンションの事例を参考にしながら、「できる準備をする」ことはとても重要なことだと思います

本書でも、いくつかの事例を紹介しますので、ご参考としてください。

▶マンションが被災したときの復興の手続きを知ること

仮に災害によりマンションが大きな被害を受けたとき、マンションの復旧や復興については、区分所有者で議論をしたうえで管理組合の総会の決議等により決定したうえで進めることになります。ところで、マンションの被災状況によっては、私たちがマンションで日常の管理をしているときと比較するとは違う点にも留意することが必要となります。そのため、マンション防災を考えるときは、被災したときの復旧や復興の活動を踏まえた対応を考えておくことも重要です。

　なお、団地型のマンションでは留意すべき点も異なるので、本書では第4章で被災マンションの復興について述べたうえで、第5章で団地の復興の手続きについて解説をしています。

○本書における用語について

　本書は、規約が適切に制定され、管理組合も設立され、理事長が管理者として管理しているマンションを前提に解説をしています。しかしながら、現実には規約がないマンションもありますし、組織としての管理組合がないマンションもあります。そうしたマンションにおいては、区分所有法の手続きで復旧や復興を進めることになるので、具体的な手続きはマンション管理士等の専門家に相談をするようにしてください。

　また、管理組合の総会は、区分所有法上は「集会」とか「区分所有者集会」という必要がありますが、本書ではこれらは「総会」という表現を使わせていただいています。ただし、法律の表現をそのまま使わなければいけないときは、「集会」とか「区分所有者集会」（団地の場合は「団地建物所有者集会」）という表現を使うことがあります。専門家の方からすると「文言が違うのでは」とおしかりを受ける可能性がありますが、専門家ではない人が読んでわかりやすい表現をしているため、以上の点については予めご理解をいただきたいと思います。

　なお、法律の名称については、以下のように簡略化していますので、その点もご了承ください

●建物の区分所有等に関する法律　　　→　区分所有法
●マンションの建替え等の円滑化に関する法律　→　円滑化法
●被災区分所有建物の復興に関する特別措置法　→　被災マンション法

第2章

災害がおきると
どうなるか

ライフラインの停止

▶大規模災害で ライフラインはどうなるか

ライフラインは、もともとは命綱という意味の英語ですが、日本では、都市部の生活に必要なインフラ設備を表すもの、という意味で使われています。

つまり、**電気、ガス、上水道、下水道、通信サービスや運輸、公共交通**などを指します。

私たちは、スイッチを押せば電気がつき、蛇口をひねれば水が出る生活が当たり前となっていますが、大規模災害時にはその当たり前のことが当たり前でなくなります。大規模災害に見舞わると、それらにも大きな被害が生じ、私たちの日常生活大きな影響を受けることになります。

東京都を例に考えてみましょう。

今後30年以内に70%の確率で発生が予想されている都心南部直下地震が発生した場合の東京都の被害想定が算出されています。

後で詳しく述べますが、インフラの被害について、私たちは次のようなことを念頭に準備をしておく必要があります。

- ●電気………　4日後には停電解消、計画停電は1ヶ月継続
- ●通信…………　不通解消まで約1週間、不調は長期にわたる可能性
- ●都市ガス……　いったんは全域遮断、約6週間で徐々に回復
- ●上水道………　復旧まで約17日（被災状況によっては長期化）

●下水道………　復旧まで約3週間、集合住宅ではトイレ利用不可が
　　　　　　　　長期化も
●ごみ収集……　数日以降生ゴミ優先、被災ゴミは1ヶ月後
●エレベーター　閉じ込めにつながる停止2.2万台
　　　　　　　　余震中は使えない、修理には長期

　ライフラインが大きな被害を受けると、皆さんの住まいの物理的な被害は小さかったとしても、しばらくの間は困難な生活が続くことになります。

▶ライフラインの停止による各論：電気・水道・ガス

「電気が使えない」暮らし

　現代の生活は電気に大きく依存していることはご存知の通りです。高度成長期の終わりくらいまでは、電気の使い道は照明がメインで、家電もTVと冷蔵庫、洗濯機程度だったので現代と比べると電気の依存度は低い状態でした。また現実に頻繁に停電が発生していましたから、人々は停電になれていましたし、停電の影響も大きなものではありませんでした。

図 **2-1**

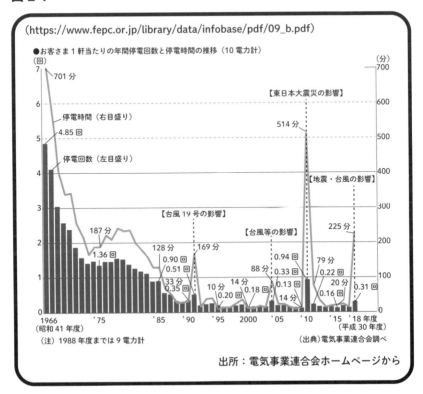

（https://www.fepc.or.jp/library/data/infobase/pdf/09_b.pdf）

●お客さま 1 軒当たりの年間停電回数と停電時間の推移（10 電力計）

出所：電気事業連合会ホームページから

　このグラフを見ると、1966 年には年間平均で約 5 回、合計 11.5 時間停電しています。平成元年（1989 年）には 0.31 回、28 分にまで低下しています。

　近年は、東日本大震災の時期を除き、ほぼ安定した状態が続いてきましたが、一方で大型台風などでは大きな影響を受けることも増えています。また、2022 年 3 月の福島の地震の際も、関東地方においても様々な場所で停電が発生したことを記憶している人は多いのではないでしょうか。

　現代社会は、**多くの家電や制御システム、センサーに取り囲まれる**

生活になっているため、「停電」は、ほぼ全ての生活サービスを失うことを意味しています。特に**高層階**では、エレベーターの停止は居住者にとって大きな負担となります。

　図2-2で、停電となった場合の障害の例を示します。こうした場合も想定して日ごろからの準備をすることが大切であることが理解いただけるのではないでしょうか。

図2-2：停電によってマンションで起こることの例

「水道が使えない」暮らし

　「災害時の水の問題」については、上水と下水（排水）の2つの方向から考えることが必要です。このうち、まず上水道について考えてみましょう。

表2-1　上水道断水について

破損部位	断水箇所	補修責任者
公共上水道	浄水場 本管破損 断水によるポンプ停止	水道局など
マンション内	受水槽の破損	マンション管理組合
	配管の破損 建物内 敷地内	マンション管理組合

◯上水道

　東京都の統計によれば、**家庭で1人が1日に使う水の量は、平均214リットル**（令和元年度）程度です。

　非常時でも、飲料水として1人1日3リットル、生活用水として1人1日約10〜20リットルが必要といわれています。この量の水を自宅の水道以外から確保することも大変ですし、**特にエレベーターが止まってしまうと、中高層階の居住者は自室まで水を運ぶことは大変な作業となります**（図2-3）。このようなことを考えると、マンションでは、**最低限飲料水の自室備蓄の必要性**を理解することができます。

図2-3

高層階では備蓄が重要

> **コラム**
>
> ## 水道復旧時の水漏れにも注意
>
> 　洗濯機の給水ホースを接続している水栓は、「水が出る状態」のまま利用している人が多いのではないでしょうか。このようなときに、地震で洗濯機が動いてホースが水栓から外れると、水栓から水がふきだしますが、仮に地震により断水していると、水道が復旧するまでは、水栓があいたままの状態であることに気がつかないことも考えられます。その結果として「水漏れ」等の原因となることがありますので、ご注意ください。

　図2-3のようなことは、東日本大震災の時に首都圏のマンションでも良く見られた光景です。

「水を流すことができない」くらし

　使った水は流さなければいけない…、災害の現場ではこんな当たり前のことに私たちは改めて気が付きます。手洗いやシャワー、トイレなどの生活用水に至るまで、水を流すことが必要です。

　災害時のマンションで排水について注意すべきことは、排水管が破損することで、低層階の住戸を中心にして、漏水が深刻な二次災害を引き起こす可能性があることです。このような漏水による問題を防ぐことが、共同生活を行っているマンションでは特に重要です。

　そのため、管理組合では**大規模災害後には配管にトラブルが無いことが確認できるまでは、水の使用をいったん停止し、被災状況を確認すべきでしょう。**

コラム

被災後のトイレ使用の判断は？

　地震の後にトイレを使っていいかどうかの判断基準について良く聞かれます。使っていい、使ってはダメを簡単に決める方法は残念ながらありません。

　トイレ使用の判断は、自分たちのマンションの配管について知っておくことから始まります。災害に備えて、公共の上下水道とのつなぎ目はどこなのか、敷地内の配管はどこを通っているのか、建物内の配管のうち、揺れに弱いとされるつなぎ目、曲がりの位置はどこなのかを知っておきましょう。また、災害時に使う配管チェックリストを作っておきましょう。

「ガスが使えない」暮らし

　災害でライフラインが影響を受けるとき、都市ガスの復旧は最後になる可能性が高いと考えてください。オール電化のマンション以外では、ガスが復旧しなければ、水道や電気が回復しても調理はできませんし、風呂もシャワーも使うことはできないということも考えておく必要があります。

▶もう1つのライフライン問題：物流・ゴミ

都市部では、コンビニやスーパーで必要なものを必要なときに買うことができるので、「買い置き」しない暮らしをする人も少なくありません。しかしながらこのような生活を送ることができているのは、わが国では平常時はタイムリーに物を配送する仕組み〜物流〜がしっかりと機能しているためです。

ところで、大規模災害のときには、道路や鉄道網等の物流も大きな被害を受けるので、店頭に商品が並ぶまでには時間がかかります。

　下は熊本地震の発災直後のコンビニの写真ですが、レトルト食品コーナーや水やお茶が置かれている棚はすぐに空っぽになりました。

写真 2-1　熊本地震発災直後のコンビニの棚

唯一残っていたレトルト商品

提供：（株）あなぶきハウジングサービス

コラム

倉庫のストックも多くない

　平時の物流の仕組みが出来上がっているため、コンビニだけでなくスーパーの倉庫に置かれているストックも多くありません。そのため、物流に問題が起きると、モノ不足の解消までには時間がかかる可能性があります。コロナ禍の初期に、トイレットペーパーがなくなったことなども物流が原因の１つだったことは記憶に新しいところです。

大規模災害時の「ゴミ問題」

　発災後は、道路事情のほか、ゴミ配送車の燃料の供給の問題やゴミ処理場が使用不能になることで生活ゴミの収集が滞ります。

　加えて、地震や水害の際には大量の被災ゴミが発生します。その結果、処分場、保管場所の手当がつかなくなることにより、ゴミの回収は更に遅れることも考えられ、マンションでもゴミ問題に悩むことになります。

　写真は熊本地震後のマンションのゴミ置場です。

　なお、ゴミはきちんと分別されていないと回収してもらえませんので、そのようなときには、ゴミの回収はより長期化、深刻化することになります。

　写真 2-2 のような状態にならないように、管理組合は日ごろから被災時のゴミの問題等についても検討をしたうえで、マンション住民に周知しておくことが必要でしょう。

写真 2-2　熊本地震の際のあるマンションの状態

提供：（株）あなぶきハウジングサービス

コラム

ゴミの散乱はゴミを呼ぶ

　マンションのゴミ置き場が写真のような状態になると、マンション外の人もこの場所にゴミを乱雑に捨てるようになる可能性が高くなります。このようなことを考えると、被災時のゴミ問題については管理組合でも日ごろから対応策の検討をしておくべきでしょう。

▶ライフラインの復旧の目安

と　ころで、ライフラインの復旧には、どのくらいの時間がかかるのでしょうか。例えば東京都では、過去の同等の災害から類推して復旧のおおよその目安を**表 2-2** のように示しています。

表 2-2　「首都直下地震等による東京の被害想定」（令和 4 年 5 月 25 日）から

電気	配電設備による停電は 4 日、発電量の問題があるときは、計画停電は 1 週間以上
通信	ケーブル被害による不通は 4 日、通信設備の被害状況によっては 1 週間以上
都市ガス	復旧完了まで 6 週間
上下水道	公共部分は 3 週間、浄水場が破損した場合は長期化、マンション敷地内は修理完了まで断水

　こうしたことも踏まえて、備蓄なども考えておく必要があるでしょう。

ライフラインの被害は地震時だけではない

　以上、地震時のライフラインの問題をベースにお話をしましたが、この問題は、地震のときだけではなく、他の災害の際にも生じます。

●2019 年の台風 19 号の水害では浄水場が浸水し、10 日以上の断水が続いた地域もありました。

●火山の噴火などでも影響を受けます。噴火災害は火砕流や噴石、溶岩流と言った直接的な被害はもちろん、降灰による広域災害も想定されます。降灰による停電や断水は、広域で発生することが知られています。

　1707 年の富士山宝永噴火では、横浜で 10cm、江戸では 5cm の降灰が報告されています。
　数 cm の降灰で道路は通行不能となり鉄道の運行も停止することが考えられます。そのほか、火力発電所の停電や断水なども想定されています。

▶ライフラインについてのまとめ

　私たちが「当たり前」に思っている生活は、被災時には当たり前ではなくなります。仮に建物に大きな損傷がなくても、ライフラインが止まってしまっていると、私たちの生活には極めて大きな影響が生じます。たとえて言うならば、区分所有者全員がキャンプ生活をしている状態ということもできるかもしれません。
　こうしたことを踏まえて、私たちは個人としても、またマンションにおいては管理組合も必要な準備をしてくべきことが理解できるでしょう。

建物の被害

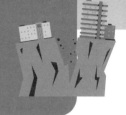

次に、災害による建物の被害について、「建物本体の被害」と「住戸内部の被害」の2つの面から見てみましょう。

▶建物の被害（1）（地震による被害）

地震による建物被害は震度だけでは無く地震のタイプによっても異なります。過去の阪神・淡路大震災、東日本大震災、熊本地震の3つの地震の特色については**表 2-3** をご参照ください。

表 2-3

	阪神・淡路大震災	東日本大震災	熊本地震
タイプ	直下型地震	海溝型地震	直下型地震
発生日	1995/1/17 5:46	2011/3/11 14:46	2016/4/16 1:25
震央地域 被害マンションとの距離	明石海峡 （神戸まで 15km）	三陸沖 （仙台まで 200km）	熊本県益城郡嘉島町 （熊本駅まで 10km）
地震の規模	Mw6.9	Mw9.0	Mw7.0
最大震度	7	7	7 が 2 回
震源の深さ	14km	24km	12km
持続時間		160-170 秒	20 秒
津波	数十 cm	最大遡上 40.1 m	なし

Mw　モーメントマグニチュード 地震のエネルギー量を示す。

これら3つの地震におけるマンションの被害状況は**表 2-4** に示すとおりです。

　私たちは、地震におけるマンションの被害については、阪神淡路の記憶が鮮明であり、東日本大震災や熊本地震におけるマンションの被害についてはあまり意識していない傾向にあります。確かに、大破したマンションの比率は阪神淡路が多くなっていますが、中破以上の割合で見ると、それぞれ一定の被害が出ていることが確認できます。

表 2-4

	阪神淡路大震災（兵庫県※）	東日本大震災（仙台市）	熊本地震（熊本市）
被害無	51.9%	50.0%	24.1%
軽微	37.8%	36.6%	43.9%
小破	6.7%	12.3%	24.8%
中破	2.1%	1.1%	6.4%
大破	1.6%	0.1%	0.8%
	10.3%	13.4%	32.0%
	M7.0	M9.0	M7.3 震度 7 が 2 回
	直下型地震	海溝型地震	直下型地震

※兵庫県下 8 市
（神戸市、芦屋市、西宮市、伊丹市、川西市、尼崎市、宝塚市、明石市）
出所：（株）東京カンテイ調べ

　震度 7 が 2 回、加えて直下型だった熊本地震ではマンション被害が大変多かったことがわかります。

　熊本地震におけるマンションの建物や設備の被害例を以下に示します。地震が発生したときに、どのような被害が生じるのか参考にしてください。

表 2-5

A　地割れ
【現象】マンション 1 階の駐車場が地割れ
【復旧】表面を剥がして地ならし、再工事

B　エキスパンションジョイント
【役割】躯体を分割して、地震とのダメージを最小限に抑える隣り合う筐体の異なる動きに追従、歪を吸収し、建物全体の機能を維持する。
【震災時】壊れて通行不能になったり落下して危険なので対策が必要。

C　タイルの剥離
【震災時】落下するタイルに注意
浮いたタイルは事後対策として、歩行者に被害を与えないよう落としておくことが必要。

D　非耐力壁の断裂
建物の構造を支えていない壁の破損。
見かけは酷く、部屋の中が見えてしまう場合もあって生活は困難になるが建物の強度には影響がないので修復可能。

E　ドアのゆがみ
D　のような壁の断裂が起こるとドア枠がゆがみ、ドアが開かなくなる。開かなくなったドアを無理に開けると閉まらなくなる。

F　仮施錠
閉まらなくなったドアをチェーンとダイヤル錠で仮施錠している。
復旧まで半年以上かかった事例も少なくない。

G　受水槽の破損
マンションの受水槽に穴が空くと、公共水道が復旧しても断水が長期化する。

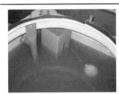

H　公共水道の破損で受水槽に汚水が浸入
水抜きして消毒しないと使用できない。
⇒断水が長期化する。

写真提供：（株）あなぶきハウジングサービス

エレベータの閉じ込めは、最新のエレベーターでも起こり得る

　2018 年 6 月 18 日の大阪北部地震（最大震度 6 弱）においては、マンション本体の被害は少なかったのですが、エレベーターの閉じ込め事故が多く起こりました。最大震度 3 以上の市町村で 3 割のエレベーターが緊急停止し、そのうち 0.5％のエレベーターで閉じ込め事故が起こりました（**表 2-6** 参照）。なお、閉じ込めは最長 6 時間に及びました。

　また閉じ込め事故のうち、約 4 割が耐震対策済のエレベーターで起こっています。

表2-6

都道府県	最大震度	保守台数※1 (A)	運転休止		閉じ込め					
			台数 (B)	割合 (B/A)	台数 (C)	地震時管制運転装置（現行基準適合）あり	同装置（既存不適格）※2 あり	同装置なし		割合 (C/B)
福井県	4	3,174	15	0	0	0	0	0		0
岐阜県	4	6,738	97	0	0	0	0	0		0
愛知県	4	45,896	152	0	0	0	0	0		0
三重県	4	6,352	146	0	0	0	0	0		0
滋賀県	5弱	5,607	1,388	0	1	0	1	0		0
京都府	5強	15,536	7,440	0	24	13	11	0		0
大阪府	6弱	67,773	37,831	1	278	121	144	13		0
兵庫県	5弱	33,337	13,824	0	38	4	33	1		0
奈良県	5弱	5,140	2,434	0	5	1	4	0		0
和歌山県	3	3,494	7	0	0	0	0	0		0
香川県	4	3,982	4	0	0	0	0	0		0
合計		197,029	63,338	0	346	139	193	14		0

※1 保守台数はホームエレベーターを除く。出典は「2017年度昇降機設置台数等調査結果報告」（一般社団法人エレベーター協会）
※2 運転休止台数は、大手5社分を集計、精査の結果。平成30年8月3日報告時の値（約6万6千台）より減少。
※3 閉じ込め台数は、大手5社分を集計、精査の結果。平成30年8月3日報告時の値（339台）より7台増加。
※4 故障・損傷件数は、日本エレベーター協会全会員分を集計、精査の結果。平成30年8月3日報告時から、単位を「台」から「件」に修正（1台につき複数の故障・損傷が発生しているものを含む）。
※5 地震時管制運転装置（既存不適格）とは、P波感知器又は予備電源を備えていないものをいう。
出典：国土交通省「エレベータの地震対策の取組みについて（報告）」（R02、7、14）

　なぜ、最新型のエレベーターでも閉じ込めが起こるのでしょうか？エレベーターの耐震対策は、地震時管制運転装置と呼ばれ、地震の初期微動であるS波を感知すると動き出し、本震であるP波が来る前に最寄り階で停止して扉を開ける、という装置です。直下型の地震でS波とP波の到達時間が短いと移動、停止、開扉が間に合わず、緊急停止、閉じ込めとなります。

　ちなみに、都内には約16万6千台のエレベータがあり、首都圏南部直下型地震では、閉じ込めにつながり得るエレベータの停止台数は2万2千台以上と想定されています。

　大規模地震では、救助がくるまでに長時間かかる可能性が高くなり

ます（前述のように、交通にも障害が発生することが復旧までの時間に大きな影響を与えるためです）。そのため、救助が来るまでの時間を過ごすための防災用品（非常用トイレ、灯り、飲料水など）を備えたエレベーター用防災キャビネットの設置も検討すべきでしょう。

写真 2-3　エレベーター用防災キャビネット

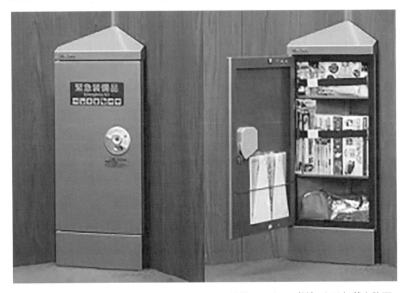

提供：コクヨ（株）より転載を許可

コーナー型、薄型、椅子形などいろいろなタイプがあります。

▶建物の被害（2）（風水害による被害）

近年集中豪雨が増加し、「線状降水帯」等という言葉も一般化するようになっているように、各地で水害が増えていますし、その被害も大きくなってきています。

　2019 年 10 月の台風 19 号では、川崎市武蔵小杉付近でタワーマンションの地下設備が被害をうける浸水事故が起き、マンション受電設

備への浸水による建物全体が停電する大きな事故となったことは、マスコミでも大きく取り上げられたことは記憶に新しいところです。

　高層マンションにおける停電は断水やエレベーター停止などライフライン全てに係わる大問題です。

　周辺道路が冠水したのを受けて、このマンションでは住民が協力してエントランスに水嚢を積み、浸水を食い止めました。

写真 2-4　土嚢を積んでエントランスへの浸水を防いだ例

出所：該当マンションの許可を得て掲載

　ところが、通常は集中豪雨を受け止める役割を持つ地下4階の貯水槽に大量の雨水が流入し、あふれて地下3階が浸水し始めました。住民の人海戦術での排水処理では追いつかず、地下3階の電気室、機械室への浸水が進み、停電してしまいました。

　その後、このマンションでは浸水経路の配管にバルブを設置し、同様の冠水が起きても再発しないよう対策を実施しました。また、止水板の増設や電気設備の移設などを実施し、より水害に強いマンションになりました。

　このマンションのエリアは過去に多摩川の川底だったこともある低いエリアで、ハザードマップでの浸水想定がされていた地域です。気

候変動が大きい現代では、想定外とはいえない災害です。

　高台にあるマンションでも、内水氾濫の危険はあります。大量降雨時に道路から水が流れ込み、エレベーターが動かなくなった事例もあります。(⇒ 104 頁)風水害への自主防災対策)

コラム

区分所有者の管理への参加意識の必要性

　写真のマンションでは、「復旧に数か月かかる」というような報道もありましたが、かなり迅速に復旧ができたようです。管理組合が有効に機能していたことに加えて、区分所有者それぞれの管理への意識の高さが早期の復旧につながった大きな理由だと思います。

　こうしたことから、日ごろからの管理が適切に行われていることの重要さを実感することができます。

▶地震による住戸内の被害

次に地震による住戸内の被害について考えてみましょう。住戸内の被害については、家具の転倒等の話をよく聞きますが、**表2-7**で、阪神淡路、東日本大震災及び熊本地震における典型的な被害についてまとめてみました。

表 2-7 室内の被害

A　1995年阪神淡路大震災（出典：神戸市）
地震のとき、建物が無事でも室内の家具や電気製品などは大きく揺すられ、大きな被害をもたらします。本当に大きな地震では、つっぱり棒や転倒防止装置も避難までの時間を稼いでくれますが、転倒を完全に防止することはできません。特に台所は、割れ物、電気製品、水物などが多く、破片による怪我などの二次災害が起こりやすい場所です。冷蔵庫が転倒するとせっかくの食料がゴミとなることさえ考えられます。

B　2016年4月熊本地震
（出典：https://kumaquake.jimdofree.com/）

C　2022年3月福島県沖地震
仙台市内マンション11階（震度6弱程度のエリア）。
冷蔵庫は倒れず、食器棚は上部を木ネジで横桟に固定してあったにもかかわらず転倒。深夜（23時46分）の地震で調理中で無かったことが幸いでした。

写真提供：小島浩明氏

持病を持つ人は注意が必要

災害時には、病院の機能、流通、交通など様々な理由で薬の入手が難しくなります。多くの家庭では薬箱に日常的な薬を備えていると思いますが、特に**持病を持っていらっしゃる方は、災害時に備えて常備薬の備蓄も必要**です。水や食料、簡易トイレ等以外に、日頃から1〜2週間分の備蓄を持つようにしましょう。

　そのほか、**糖尿病、透析など薬や処置を中断できない持病のある人は、より慎重な災害対策が必要**です。大規模災害時には、近隣の病院で連携する等、医療ネットワークなどは整備されてきていますが、そもそも規模が大きな災害のときには受け入れ先の病院も被害を受けている可能性もあることに加え、交通インフラ等の問題も考えられるため、充分な対応が可能であるかについては不安があります。

　こうしたことを考えると、必要に応じて、かかりつけの病院等にも相談をしておく等、対策を考えておくことは不可欠です。

住民共助の不足による生活の困難

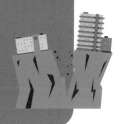

同じ屋根の下で暮らしているマンションの住民は、災害時には協力することで不安を軽減し、災害後の緊急期を乗り切ることができます。スムーズなマンションの復旧には、住民相互の協力は重要なポイントとなるでしょう。

住民相互の協力体制がとれないときに想定される事態

- 水、食料などの物資の不足に個人あるいは家族だけで対処する
- 片付けを家族だけで対応
- 電気ガス水道の停止も家族だけで対応
- ゴミの管理が行われず、ゴミ集積場所がゴミだらけに
- マンション全体の防犯、安全確保ができず、盗難が発生
- 災害後の行政とのやりとり（罹災証明や、復興支援の手続き）に遅れが生じる
- 決められない、判断ができないために補修計画がなかなか進まない

協力体制がとれることによるメリット

- マンション全体で物資を持ち寄り、不足に対応、調整できる
- 家具起こしなどの大変な作業も、チームでやれば簡単にできる

- マンションで共同の発電機を用意すれば必要最低限の電気を確保できる。また、水の運搬、高層階への輸送も住民が協力すれば対処できることも多い
- ゴミの排出ルールが決められ、ゴミの集積場所が衛生的に管理される
- チームで、マンション全体の防犯や安全確保に努めることで、被災生活が安心、安全に行える
- 管理組合でまとまって申請することで罹災証明の取得や、助成金はじめ様々な復興のためのサービスがスムーズに受けられる
- 区分所有者が協力をすることで、復興に向けた合意形成がスムーズに進み、補修計画や工事発注が迅速に行える

情報不足、デマの流布

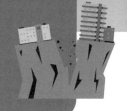

4月14日に発生した熊本地震の直後に「熊本の動物園からライオンが逃げた」というデマ情報をTwitterに投稿して、動物園の業務を妨害したとして、神奈川県に住む20歳の会社員の男が逮捕されました。

熊本地震の後に流れたデマです。熊本市から150kmの距離にある「川内原子力発電所で火事」というデマもTwitterに流れました。

また、東日本大震災のときも、「木更津の化学工場で火災がおき、大量のガスが発生して人命に危険を及ぼす恐れがある」等のデマがSNSで一斉に広がりました。

近年SNSでのデマが問題視されています。**災害時には、重要そうな情報を広めることに意義を感じる人が増えて、真偽が不確かなデマも拡散しやすくなります。善意で拡散する人も多いのでやっかいです。**SNSでの拡散は簡単な操作でできて、影響力も大きいです。

SNSなどで「拡散してください」といった情報が入ることがありますが、それらの情報を拡散する前に確認する、見直す習慣を付けましょう。特に注意が必要なことは、「信頼できる人物からの拡散要請」です。

私たちの多くは、「知らない人」からの連絡はスルーすると思いますが、普段から付き合いがあり、信頼できる人から拡散要請があると、その情報は無警戒に信じてしまう可能性があります。しかしながら注意すべきは、その「信頼できる人」が正しく情報を取得していない可能性もあることです。

　このようなデマが流れる背景には、不安があります。信頼できる情報は、裏付けが必要なのでデマのように勢いよく流れてこないものだということを知っておきましょう。

どこに避難すべきか

次に、「避難」について考えてみましょう。
広域避難場所、いっとき避難場所、津波避難場所など、災害時に登場する言葉がいろいろあります。それぞれの表示と、意味についても覚えておきましょう。

「広域避難場所」の表示

「広域避難場所」とは、地震による延焼火災の輻射熱や煙から市民の生命・身体を守るために一時的に避難する場所です。広い公園などが指定されていて、屋根も食料もありません。

「津波避難場所」の表示

「津波避難場所」とは、津波を避けられる高台に設けた場所やビルを示します。

「避難所」の表示

「避難所」とは、住む場所を失った被災者が一定期間滞在して避難生活をするための場所。食料や水の備蓄が一定量あります。

　町を歩くと、電信柱などにこのエリアの避難所はこちら、といった掲示を見かけます。

　右下の写真では、「東住吉小学校」は「避難所」であり、「緊急避難場所」でもあります。防災に関心の薄い人でも、最寄りの「避難所」がどこか、は知っている人が多いのです。

　「避難所」は、前述のように「住む場所を失った被災者が一定期間滞在して避難生活をするための場所」です。避難所の定員は、そのエリアの被害想定を基に、自宅が全壊半壊になる人数を基準に設定されています。

　すなわち、マンションは耐震性が高く全壊、半壊に至る可能性が低いため、避難所ではマンションの住人を収容する余力は無いことが多いと思われます。そのため、**建物に大きな損傷がない場合は、それぞれの住戸、あるいはマンション内の共有スペースを活用しながら敷地内で過ごすことが第一選択肢となります。**

　もちろん、建物に大きな損傷があるなどして住める状態でない場合には、避難所も選択肢の 1 つです。

　いずれにしても、まずはマンション内で避難生活を送る在宅避難の準備を進めておきましょう。

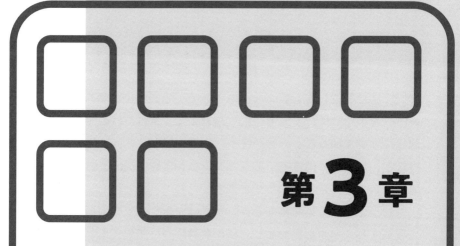

第 **3** 章

マンション
防災対策

はじめに

災害が発生したときの被害について、第2章でお話しました。この章では、前章での話も踏まえて、それぞれのマンションの環境について知ることの必要性や、災害に対して個人で備えておくべきこと、および共同住宅であるマンション全体で備えておくべき事項等について述べさせていただきます。

　マンション防災を考えるとき、まずはマンションの地域特性について理解することが必要ですし、特に共助について考えるときは、マンションという不動産の特性についても理解していただくことが必要です（なお、この点については第1章「マンションで防災を考えるときの基本」もご参照ください）。そのうえで、「自助」、「共助」、「公助」について述べさせていただきます。

マンションの特性

▶地域特性の把握

土地にはそれぞれ特色があります。具体的には、それぞれの土地にはその土地なりの魅力がありますが、一方で問題点を抱えている土地もあります。マンション防災を考えるに際しては、「自然災害」の観点からみたその土地の弱点を知ることはとても重要なことです。

　まずは、**表3-1**で、自然災害について留意すべきエリアを分類しましょう。

表3-1

津波浸水エリア	主に地震で起こる津波で浸水するエリアです。想定地震ごとに表示されます。沿岸部だけでなく川沿いでも影響があります。
高潮浸水エリア	高潮は台風や低気圧の影響による海面上昇です。地球温暖化の影響で増える傾向にあります。
洪水浸水エリア	洪水とは、川があふれることで起こる浸水です。上流で大雨が降ると下流で洪水が起こります。流域単位での注意が必要です。川に挟まれた土地では複合洪水の場合もあります。
内水浸水エリア	内水浸水とは、大雨時に降水が下水道管や水路の排水を上回ることで起こる浸水です。川のそばでなくても、標高のある土地でも起こります。

土砂災害エリア	土砂災害エリアとは、大雨や地震に伴う斜面崩壊、地すべり、土石流などにより人の生命や財産が脅かされる危険のある地域です。
地震震度想定	想定地震ごとに震度想定が公表されています。土地の揺れやすさを知ることが重要です。

　皆さんが居住されている**マンションの立地上の弱点を知ることで、災害時に想定されるリスクも想定しやすくなりますし、リスクが想定できれば効果的な準備も可能となる**でしょう。なお、自然災害リスクは、ハザードマップや地震震度想定などで調べることができます（コラムも参照してください）。

コラム

「自然災害リスク」の調べ方

　マンションの基本的なリスクを知るには、国土交通省のハザードマップポータルサイト（HTTPS://DISAPORTAL.GSI.GO.JP/INDEX.HTML）が役に立ちます。

　「重ねるハザードマップ」では土砂災害、洪水など複数の災害リスクを重ねて表示できます。「わがまちハザードマップ」では、各市町村が用意しているハザードマップを確認できます。

土地の歴史

　埋め立てや造成などによって土地の形状は大きく変わります。日本では明治中期以降は全国で正確な地図が整備され、デジタルデータとして公開されています。

　古い地図を確認することで、マンションの敷地の過去を知ることができます。盛り土なのか切り土なのか、埋め立て地なのかどうかなどです。

　デジタルデータ等、WEB で検索できるものについて以下で紹介し

ます。

明治中期から現代までの地図の変遷「今昔マップon the web」

住所を指定すると、明治中期から近年までの地形図や航空写真を並べて、あるいは重ねて比較できます。
土地の履歴を知ることは、災害への備えを考える上で大切なことです。
https://ktgis.net/kjmapw/index.html

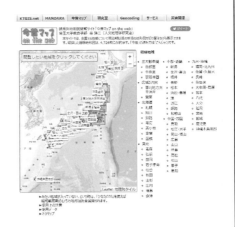

地理院地図でタイムトラベル！
〜過去から現在までの空中写真を簡単切替え〜

地理院地図（https://maps.gsi.go.jp/）」で見られる過去の空中写真を、年代別に切替え表示ができます。時代を超えた移り変わりを確認できます。

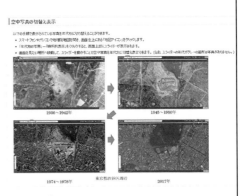

https://www.gsi.go.jp/johofukyu/johofukyu210322.html

近隣の状況

　駅前などの商業地区なのか、戸建ての多いエリアなのか、マンションの近隣の状況によっても備えることが変わってきます。

▶「マンション」という
　不動産の特性も理解しよう

第　1章で述べたように、マンションは共有物、共用部分を持つことで戸建て住宅とは異なる特徴を持ちます。

マンションの規模や運営状態の把握

　マンションには多くの種類があります。戸数の違い、単棟／団地の違いや規模の違い、所有形態の違い、そのほか住居専用か、商店、事務所、公共施設などとの併用タイプか、さらに賃貸率などによっても防災の考え方も対策も異なります。皆さんのマンションはどのタイプに該当するか、**表3-2**で確認してみましょう（この本は区分所有建物をベースにしています）。

表3-2

マンションの種類		所有形態		
規模	環境、入居施設など	公共賃貸	区分所有	一括所有
団地・ニュータウン	大規模団地（複数街区）	◎	○	―
	小規模団地（数棟単位）	◎	○	△
タワーマンション 20階以上	複数棟住宅中心	○	◎	△
	単独棟住宅中心	○	◎	△

タワーマンション 20階以上	駅前等商店、事務所併設	◎	◎	○
大規模マンション 100戸以上	1街区単棟 / 複数棟	○	◎	○
中規模マンション 50〜100戸	1街区単独棟住宅専用	○	◎	○
	商店、事務所併設	○	◎	○
小規模マンション 〜50戸（分譲賃貸多し）	街区内 住宅専用	△	◎	◎
	街区内 単身対象	―	◎	◎
	商店、事務所併設	△	◎	◎

◎：非常に多い　　○：多い

マンションと地域の関係

　マンションの管理組合と地域の自治組織（自治会・町内会）との関係はさまざまです。行政と住民をつなぐルートとして古くから関係性のできている自治会・町内会は、自主防災組織としての役割を担ってきました。

　従来型の防災の担い手である自治会と管理組合の関係について類型化すると、次のように分類することができます。

> 例1　1つのマンション居住者のみで1つの自治会を構成
> 例2　複数のマンション居住者で1つの自治会を構成
> 例3　地域の自治会に、マンション居住者が班として参加
> 例4　地域の自治会に、マンション居住者個人が有志として参加
> 例5　地域の自治会とは無関係

現状では、管理組合と市役所、区役所などの行政を直接繋ぐルート

が確立している自治体は少ないようです。そのため、行政が出している防災に関する助成金や支援制度を活かすためにも上記の例 4、例 5 に該当するマンションの管理組合では、自治会・町内会に流れてくる防災に関する情報を知るルートを確保することを考えましょう。

「自助・共助・公助」についての総論

「**自**助」とは、災害が発生したときに、まず自分自身の身の安全を守ることです。この中には家族も含まれます。

「共助」とは、地域やコミュニティといった周囲の人たちが協力して助け合うことをいいます。

そして、**市町村や消防、県や警察、自衛隊といった公的機関による救助・援助が「公助」**です。

成熟した現代社会で当然とされるさまざまな行政サービスが機能しなくなるのが大規模災害です。私は、防災について学び、いろいろなところで防災の研修を担当してきましたが、その経験から行政による災害対応の仕組みと一般市民のイメージには乖離があることを感じます。

いくつか例を示します。

図 3-1：行政目線とマンション住民目線のミスマッチ

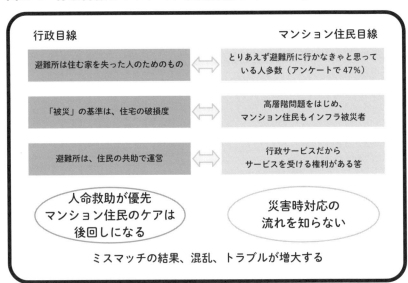

避難所は住む家を失った人のためのもの

避難所を利用する避難者数は、基本的に家が全壊、全焼した人全員、家が半壊半焼した人の半分を基本に算定されています。過去の事例から、発災直後は、避難者の 1/3 は被災地外へ疎開し、2/3 が避難所で過ごすとされています。

例えば、横浜市戸塚区のケースで考えてみましょう。

戸塚区の人口は 27 万 4 千人、最大級の被害が予想される元禄型関東地震での建物被害は約 14,000 棟、避難者は約 41,000 人が想定されています。避難所（地域防災拠点）は 35 箇所が設置されていますが、アンケート回答のように、住民の半数 13 万 7 千人が避難所に入ると、平均するとそれぞれの避難所に 3,900 人強の市民が避難をすることになります。これは現実的な状況とは考えられません。

避難所は家を失った人がメインの利用者です。建物が危険な状況でない限りは、マンションの住人は在宅避難で復旧に向けて協力していくことになります。

「被災」の基準は住宅の破損度

現状では、住宅の破損度が災害時の被災度の基準なので、まずは住居を失った人への住まいの提供が最優先となります。家が無事でも被災地エリアでは多かれ少なかれみんなが被災者ですが、支援の優先度は家を失った人から、となります。

破損度合いが相対的に少ない建物の住人の支援は、どうしても後回しになります。

避難所は住民の共助で運営

大規模地震の際の避難所の運用は自治体によって異なりますが、多

くの自治体では避難所運営委員会などの組織をつくり、地域の自治会、町内会などが運営を担う仕組みとなっています。つまり、共助の一環です。ところが、多くの市民の方は、これらを行政サービスだと思っているのではないでしょうか。

　災害が起こったときは、とにかく避難所に行けば、職員が大変でしたね、と迎えてくれて、水と食料がもらえる、と思っていませんか？ 災害直後の時期は、多くの市民は自助、共助で乗り越えて行かなくてはならない時期です。

　次に、多くのマンションの実態と災害時に起こることについて考えてみましょう。**図 3-2** をご覧ください。

図 3-2

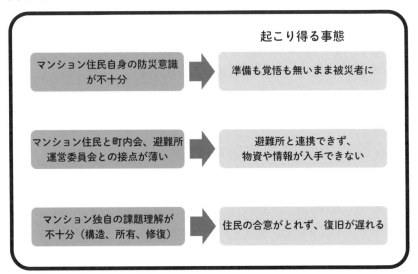

防災意識の必要性

　マンションは、建物の耐震性が高いことや、コミュニティ活動が少ないことなどにより、マンション住民自身の災害に対する知識や準備が不十分になりがちです。その結果、いざ大きな災害に直面すると、

準備も覚悟も無いまま「被災者」になってしまいます。

マンション住民と地域との接点は不可欠

　避難所は家を失った人の仮住居という機能の他に、地域の在宅避難者の支援の拠点でもあります。マンション住民と、町内会や連合町内会などの地縁組織との接点が薄いと、避難所と連携がとれず、結果として在宅被災者支援機能の対象から外れてしまうことになります。そうなると、災害後の行政からの支援情報や支援物資がうまく届かなくなります。

マンションの特性について理解すべき

　マンションという共有財産の課題（構造、所有、補修）に関する理解が不十分な方が多いです。基本の理解が無いまま、被災、復旧のプロセスに突入すると、住民の合意がとれず、復旧が遅れることとなります。第1章「マンションで防災を考えるときの基本」を参照してください。

コラム

大規模災害時には給水車はすぐには来ない

　「断水になれば近所の公園に給水車が来てくれる」という多くの人が描いている「断水」のイメージは大規模災害時には当てはまりません。

　そもそも給水車の保有台数は、ごく僅かです。広域に断水が発生する大規模災害時には、給水車ではカバーできないことは、下表を見ても明らかです。このリストは「保有台数の多い自治体」のリストです。

平成 26 年度において給水車数の多い事業体

都道府県名	事業主体名	給水車数（台）
神奈川県	神奈川県	34
神奈川県	横浜市	19
大阪府	大阪市	16
東京都	東京都	14
千葉県	千葉県	13
広島県	広島市	13
埼玉県	さいたま市	10

出所：JWRC 水道ホットニュース第 561 号　平成 29 年 4 月 28 日

　同様に火事なら消防車、けが人には救急車という通常のサポート体制が崩れるのが大規模災害です。

「自助」について
～自らの身は自ら
守ることの必要性～

　災害、特に地震は突然襲ってきます。そのため、災害に見舞われた瞬間は、自分あるいは同室に居る家族だけで対処するしかありません。

▶地震が来たときに
　対処すべきこと

身の安全を確保

　まずは自分の身を守りましょう。

　揺れが収まるまでは、窓のそばを離れて室内の安全な場所で様子をみましょう。

　あわてて部屋から飛び出すのは危険です。落ちてこない、倒れてこない場所で揺れが収まるのを待ちます。避難場所としては机の下の他、柱の多いトイレや廊下の隅なども適しています。

コラム

避難訓練は主体的に

　小学校で行われた防災訓練で緊急地震警報が鳴ると、校庭で遊んでいた子どもが先を争って自分の教室に戻っていくという映像が記録されています。自分の机の下に入るためです。地震の直後に大切なのは、「机の下に入ること」ではありません。落下物などの危険から身を守ることです。小学校の例では、校庭にいるなら、そのまま待機するのが最も安全な方法です。今ここで地震が起こったら、数秒以内に行かれる範囲で一番安全な場所はどこなのか、を考えましょう。

＊https://www.youtube.com/watch?v=wsW5i4pGaC8&t=0s
　山梨大学防災・マネージメント研究センター 秦康範准教授の研究

避難路を確保する

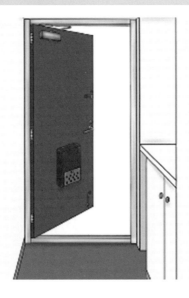

避難路を確保するために、原則としてドアを開けます。

外が気になっても窓には近寄らないでください。

窓際は落下物、飛来物の危険があります。ベランダは危険な場所です。

初期消火

　火を使っているときは、揺れが収まってからあわてずに火の始末をします。揺れている間には火元に近づいてはいけません。

　出火したら、落ち着いて初期消火にあたります。

　なお、炎が背の高さを超えたら、消火器では消せません。そのようなときは、自分で消火しようとせずにすぐに避難してください。

　また、火が消えていない状態で避難する場合は、必ず玄関ドアは閉めて避難してください。類焼を防ぐためです。

隣近所の安否確認と救助

　隣近所に声を掛け、安否を確認しましょう。けが人や、家具の下敷きになった人がいた場合、声を掛け合って複数で対応しましょう。

　マンションの特性として、お隣が近いことを考えると、戸建てよりも協力しやすいはずです。共助で命を守りましょう。

参考：避難が必要な時の留意点

ⅰ．避難時には、ブレーカーを落とし、ガスや水道の元栓を
　閉めること

　二次災害を防ぐためです。

　過去の地震では、停電が復旧したときに火災（通電火災）が発生しています。感震ブレーカー（一定以上の震度で自動的にブレーカーが遮断される）が有効です。自治体が設置助成金を出している場合もあります。なお、電気が復旧したときは、一度すべての家電製品のコンセントを抜いたあとにブレーカーを上げるようにしましょう。

ⅱ．**マンションのルールに従い、管理組合に安否情報を報告する**

　子どもや高齢者、障がいのある方などへの心配りを忘れずに、隣近所で協力して安全を確保しましょう（この対応をするためには、日頃から災害時要配慮者リストの作成が必要です）。

コラム

家族の安否確認の次はマンションの安否確認

　災害時、電話は繋がりにくくなります。LINE や Twitter など普段から複数の連絡方法を決めておきましょう。

災害用伝言ダイヤル

　大災害が発生した際に「伝言を録音」「伝言を再生」できる NTT 東日本・西日本によるサービスです。

　文字情報でやりとりする災害用伝言板（web171）もあります。

毎月1日と15日に利用体験ができます。
ぜひ1度体験しておきましょう。

自治体の防災情報Eメール

　災害時には様々な噂やデマが飛び交います。確実な情報を得るには、多くの自治体で配信している防災情報 e- メールを登録しておきましょう。

▶在宅避難に備えた事前の準備

耐震性に問題のないマンションでは、本章 59 頁で説明したように、在宅避難（居室、またはマンション内避難）が基本となります。その最大の理由は、在宅避難ができるときは、マンションで避難生活を送るほうが快適だからです。

　もっとも、部屋にいることが不安な住民もいますので、例えばマンションの共有スペースを、揺れの大きい高層階の住民、災害時要援護者に避難場所として提供できると、そうした住民のストレスを軽減す

ることが可能となります。

　ところで、在宅避難をするには事前の準備が不可欠です。具体的には、安心して眠ることができる部屋と物資の備蓄です。

耐震対策（建物）

　建物そのものの耐震性、耐震対策については、マンションの場合、管理組合で検討解決する課題となります。

　1つのものの考え方を下図に示します。ここでいう「安全」とは、現行の建築基準法に準じた考え方で、「震度6強から7の大地震に対して、構造本体に損傷が報じても倒壊は防止する」というものです。基準に見合った耐震性があっても、損傷は生じます。

図 3-3

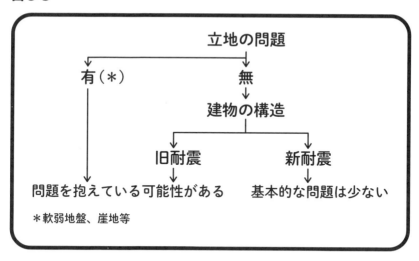

耐震対策（居室内）

　居室での耐震対策は、家具の固定、ガラスの飛び散り防止などがメインとなります。

　安心して眠ることができる部屋は、家具の固定などを行うことであらかじめ準備ができます。特に寝室は、無防備の状態になりますので安全確保が特に重要です。

　また、高層階では特に揺れが大きくなることも理解しておきましょう。

　寝室（少なくとも寝るスペース）は、①家具が倒れてこない、②物が落ちてこない、③家具や電化製品等が動いてこない、④ガラス等が割れない場所に確保すべきです。下図をご参照ください。

家具の転倒防止

ガラス飛散防止

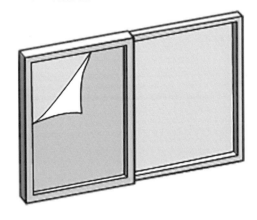

扉ロック

テレビなどの転倒防止の措置

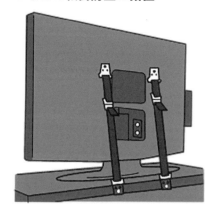

自分を守る

　寝室には就寝中に発災したら、すぐに必要となるものは、灯りと履物です。

　枕元にスタンドをおいていらっしゃる方は多いと思いますが、充電式の LED ライトで光量調節できるタイプは、省エネで災害時にも役立つ優れものだと思います。

　手の届くところに、怪我をしないために足を守る履物を常備して置きましょう（揺れが収まった後にはだしのまま部屋を歩くと、散乱しているガラス片や金属片等で足裏に傷を負う可能性があります）。

トイレの用意と管理

　下水管の安全が確認できるまで、トイレは流せません。
　備蓄のトイレパックを使用します。
　大地震の後は、工事業者の方もなかなか来てくれません。漏水事故を起こすと、補修に多額の費用と時間がかかります。

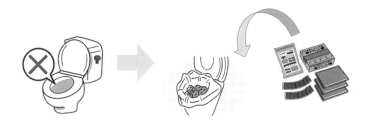

　「災害後に排水に気をつけなければいけないことは知っているけれど、トイレの使用を禁止するのは難しい、トイレを使っていいかどうかはどうやって判断すれば良いの？」などというご相談をよく受けます。

　これに対する万能の答えはありません。ですがこの問題も事前の調査、準備が重要です。

　マンションの配管図面を見たことがありますか？　あらかじめ公共下水道との関係、建物内部の配管がどうなっているのかを知っておきましょう。

　地盤に影響があるような大きな地震であれば、埋設配管に損傷があるかもしれません。建物内の配管では、配管の継ぎ手部分など、普段漏水事故が起こりやすい場所は、災害時にもトラブルが起こる可能性が高いです。建物内の配管は見えないため本来であれば専門家による調査が必要ですが時間もかかることですから、とりあえず低層階から水を流しながら漏水の有無を確認して徐々に上の階からの排水を試す等の対応を検討する必要があります。

　災害後に起こる配管のトラブルについて、住民の方にあらかじめ啓発しておくことが重要です。知っておいてもらえれば、災害後の水の使用制限や再開時の注意事項に協力が得られるようになります。

　この問題について、ご夫婦で１週間にわたり簡易トイレだけの生活の実証実験をした、一般社団法人しずおか住環境防災サポートセンター理事長の濱田晴子さんの投稿を紹介させていただきます。

コラム

災害によりトイレが使えなくなったとき

一般社団法人しずおか住環境防災サポートセンター
代表理事　濱田晴子

　トイレで排泄をしたときは水を流す…そんな当たり前のことが、被災時にはあたりまえでなくなる可能性があります。

　例えば災害で配水管に亀裂が入ったり、配水管がずれたりすると水が流れなくなることがありますし、下の階で漏水が起きることもあります。

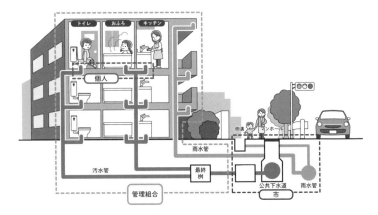

　また、マンション内の配管には問題がなくても、下水道管が破損したり、下水処理場が被害を受けたりしたときも下水を流すことができなくなります。処理水をポンプアップしているようなときは、停電でポンプが使えなくなったときも同様のことがおきます。

> **配水管の破損について**
> 　「特に地中、繋ぎ目は弱いので注意が必要です。地中で配水管が破損すると、切れ目から植物の根っこが侵入してつまりを起こすことで、トイレの水が流れなくなってしまいます。災害以外でもよく起こる現象なので注意が必要です。

さて、私は、静岡市内のマンションに住んでいるのですが、以前、震度5強の地震が発生したとき、私の住んでいるマンションの1階の住人から「トイレの排水が悪い」という連絡が管理会社に入りました。このときは、その「原因」や「補修工事のすすめ方」、「補修でかかる費用」など様々なことで理事会が紛糾したことを覚えています。

　こうした経験から、「災害でトイレの水を流すことができなくなることがある」ということに気付き、1週間、トイレを使わない生活を自ら体験してみることとしました。

　さて、ご存じの方も多いと思いますが、排せつ物を袋に入れて固めるキットが市販されています。このキットがあれば、便器もしくはそれに代わるものがあれば、排せつは可能ですし、水も電気もいりませんし、衛生的でもあります。

　具体的には次のようなことを自らの体験で確認をしてみた次第です。

> ●汚物ゴミの量と重さ
>
> ●臭いはどうなのか
>
> ●どのくらいの保管場所が必要になるのか
>
> ●マンションとしてはどのような課題があるか

　大人2人で、共働きなので日中は職場にいる状況で、1週間分の排泄量は「大16」、「小32」という状況で、**30ゴミ袋**が満杯になる量でした。ちなみに、「大」の重さは平均すると150〜200グラムほどです。

　なお、ほとんどが「水分」であるため、まとまると大変な重さになります。

そのほか、回収方法については、管理組合で自治体に確認をしたうえで、保管方法や保管場所などについてもルールを決めたうえでマンション内で周知することをお勧めします。

1週間（昼間は除く）、2人の排泄の量（実証実験）

なお、「凝固剤」とはいいながらも物によって固まり具合（ゼリー状）が違うことに加えて、固めて弁袋にいれても臭いの問題は残ることです。そうした意味では臭い対策は必須であることを感じました。具体的には臭いを防ぐ袋（BOS）の準備は不可欠だと思います。

図：排泄物の重さ

そのほか、平常時の実験ではありましたが、水洗トイレを使えないことはかなりのストレスであったことを付言いたします。

- ●ポリマーシートは使用後には嵩張ること
- ●大と小で**簡易トイレを使い分け**することで費用削減をしてもよい
- ●なるべく汚物を見ない、さわらないで**スマートに捨てられる**ことも重要
- ●汚物は、臭いを防ぐ専用袋に入れる必要がある
- ●バルコニーで汚物保管をしましたが、排せつゴミは他のゴミと分けて保管することも重要
- ●汚物ゴミは想像以上に重い

　次に準備すべきものとしては携帯トイレセット（弁袋・凝固剤）のほかに次のようなものを挙げることができます

- ●トイレットペーパー
- ●45 のゴミ袋
- ●臭いを閉じ込めるための袋（BOS など）
- ●懐中電灯当停電時の灯り
- ●除菌剤（手の衛生のため）
- ●ビニールの手袋（使い捨て用）
- ●養生テープ
- ●汚物を一時的に保管するゴミ箱

◇汲み置きした水で排泄物を流さないようにすべき

　災害で給水がストップしたときに、風呂などで溜め置きしている水で汚物を流すことも考えられますが、こうしたことはできるだけ避けるようにしていただきたいと思います。理由は次のとおりです。

●便器は、必要な水量と水圧で流すことを前提とした設計となっています。そのため水量や水圧が足りないときは、途中で汚物が流れずに固まってしまう可能性がありますし、それが重なると、血管が詰まってしまう動脈硬化と同じような現象が起こる可能性もあります。

●万が一、上述のようなことで補修が必要になると、その工事費もばかになりませんし、集合住宅としてこのようなことがあると、下の階に迷惑をかけることにもなります。

●便器には「封水」といい、水を封じ止める機能があります。ため起きした水を流すことで水が封じられないと、悪臭のほかゴキブリなどが侵入する原因になることも考えられます。

　そのほか、貴重な水を消費することになりますし、水が飛び散ったときは掃除も大変になります。以上のようなことから、この点にも留意が必要です。

◇排泄ゴミの分別の可否の確認を

　ゴミの収集は自治体ごとにルールが異なります。そのため、ゴミの収集が復旧したときに、自治体のルールを無視した形で排泄ゴミを出すと、そのゴミを収集してくれないことも考えられます。
　このようなことを考えると、管理組合で予め排泄ゴミの取り扱いについて、自治体にヒアリングをしておく必要があると思います。
　次に、「安定した腰掛けで穴が空いている」ものがあると、便器の代わりになります。介護用に開発された「ラップポン」は衛生面でもよく日常生活でも役に立ちます。要介護者がいるご家庭では、日常から使用しているので、災害時でも安心して使うことができると思います。
　そのほか、日中は、近隣の仮設トイレやマンホールトイレ等公共のトイレを利用することも１つの知恵ではないかと思います。なお、当たり前の話ですが、公共のトイレを使うときは、きれいに使うことはもちろん、掃除の協力なども必要だと思います。

◇**必要な物の例**

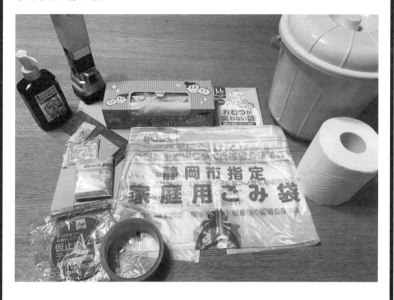

エネルギー節約料理

　災害時に備えていわゆる非常食を3日分、と考えていませんか？

　会社や避難所など普段食べ物を扱っていない場所での備蓄は、「非常食」にならざるを得ません。ですが普段食事をしている家庭では、とくに賞味期限の長い防災食にこだわる必要はありません。

　電気やガスが使えない状態でも、カセットコンロなどの熱源と調理用ポリ袋があれば、少ない水での調理が可能です。米やスパゲッティなど普段食べている食材を調理できます。食べ慣れたもので、気持ちと体力の維持を心がけましょう。

　もちろん発災直後のためには、お菓子やレトルト食品、缶詰などそのまま食べられるものも少しは必要です。

　災害時に備えてすることは、最低3日分の食べ慣れた食料とカセッ

トコンロ、カセットボンベを用意しておくこと、少ない水で料理する技術を身につけておくことです。

・炊飯（白米、おかゆ、混ぜご飯）

・カレー

・卵料理、肉料理

・汁物　　　　などいろいろ

冷蔵庫が使えなくても、料理を衛生的に保存できる優れた方法です。事前に練習しておきましょう。

　なお、排水ができないときは、調理で使った水の処理の問題もありますし、汁物については、「残さず飲み切る」ことなどにも留意する必要があることも忘れないようにしておいてください。

▶何を備蓄するか

で　は具体的に何を用意すれば良いのでしょうか。一般的に必要と思われるものを以下に挙げさせていただきます。なお、これ以外に、持病をお持ちの方は常備薬等、個々の必要に応じた工夫をするようにしてください。

第1優先備蓄品

発災後、しばらくは水も食料も手に入らない前提で準備をしておく

べきでしょう。加えて、トイレが使えない事態も想定した準備が必要です。

表 3-3

水	飲料用として、1日1人3リットルの飲料水が必要です。最低3日分、可能なら7日分を備蓄しましょう。お茶では無く、料理やキズの消毒にも使える「水」を備蓄してください。
トイレパック	大きな地震があったときは、集合住宅ではいったん排水を使用禁止にすべきです。便座にかぶせて使うタイプのトイレパックを準備しておきましょう。5回×人数×3日〜7日分
食料	備蓄の食料でしのぎます。日頃から食べ慣れているものを少し多めに買って備蓄しておく「ローリングストック」がおすすめです。カセットコンロとボンベは必須です。

その他の備蓄品

　第1優先備品に次いで、情報取得、灯りの確保、清潔の維持などに必要なものの備蓄も必要です。

i　灯りの準備

　各家庭では、手を塞がないランタンとヘッドランプ人数分の保有を推奨します。電池の備蓄も忘れないようにしましょう。

ii　情報源の準備

スマートフォンの他に、電池タイプのラジオ、ワンセグ TV などを挙げることができます。

iii　カセットコンロとボンベ

料理用に使用します。

iv　断水対策

食器に被せて使用するラップ、調理用の高密度ポリエチレン製袋、ウエットティッシュなど。水が使えない状況で衛生上必要な物の準備も重要です。

v　その他の必需品

常備薬、おむつ、ミルク、眼鏡など、個人の事情に応じて必要な物を考えておきましょう。例えば、眼鏡がないと生活が困難な人は、予備の眼鏡をわかりやすい場所に置いておくことをお勧めします。また、日常的に薬を服用されている場合は、備蓄に余裕を持っておくことも大切です。

図 3-4 必需品のイメージ

　なお、食料品の賞味期限のほか、ガスボンベの使用期限や電池の残量等は定期的にチェックするようにしましょう。

> **コラム**
>
> ## 死蔵を防ぐ
>
> 　マンションの限られたスペースの中で備蓄品の置場を探すのは工夫が要ります。日常生活の買い置きが、災害に備えた備蓄を兼ねることでスペースの節約と備蓄の管理が両方できます。死蔵とならないよう、使いながら備蓄するローリングストックをおすすめします。
>
> 【使用期限】
> 　マンガン乾電池　2～3 年、アルカリ乾電池　5 年～10 年、カセットボンベ製造から 7 年など
>
> 　奥深くにしまい込んだ備蓄品はいざというときに役立ちません。例えば予備の眼鏡は、いざというとき取り出しやすく安全な玄関の下駄箱にも 1 本保管する等の工夫をするようにしましょう

▶情報の準備

大規模災害に見舞われると、電話がつながりにくくなります。一方で、被災直後は家族の安否状況を確認したいものです。このような状態を想定した準備も必要です。

　具体的には、連絡を取る方法を複数用意しておきましょう。そして全く連絡がつかないときの対応も考えておきましょう。

　災害用伝言ダイヤル「177」、災害用伝言板も選択肢の 1 つです。
　災害用伝言ダイヤルは、利用体験ができます。平時に、一度使ってみましょう。

> **災害用伝言ダイヤル「177」の体験利用日**
> ●毎月 1 日、15 日　00:00 〜 24:00
> ●正月三が日（1 月 1 日 00:00 〜 1 月 3 日 24:00）
> ●防災週間（8 月 30 日 9:00 〜 9 月 5 日 17:00）
> ●防災とボランティア週間（1 月 15 日 9:00 〜 1 月 21 日 17:00）

　大きな災害が起こったときほど、混乱して情報は集まらなくなりますし、そもそも流れてもきません。災害直後なら、行政の SNS アカウント、情報提供メーリングリスト、信頼できるマスコミの SNS アカウント、などが役に立ちます。防災に備えたアプリはいろいろあります。日頃から登録しておきましょう。

コラム

防災情報アプリの例

NHK ニュース防災：緊急時は NHK のニュースがスマホで見られます。

ヤフー防災速報：最大 3 地点が登録できて必要な防災情報がプッシュ型で表示されます。

　ほかにも色々ありますが、普段から使い慣れておくことをおすすめします。

　マンションの状況を、外部にいる居住者と共有する仕組みを考えておきましょう。マンションの状況が確認できると落ち着いて行動できます。

　マンションで使える安否確認システム、ホームページ、メーリングリストなどさまざまな方法があります。家族の安否確認で紹介した、

「災害用伝言ダイヤル」をマンションの状況報告に利用する方法もあります。マンションにいる人がマンション外にいる人に情報を知らせる準備をしておきましょう。

共助・公助

分 譲マンションは、区分所有者それぞれが所有する専有部分と、区分所有者全員で共有する共用部分から成り立っています。マンションの区分所有者は、同じ屋根の下の住宅に権利を持つ運命共同体です。

　なお、多くの場合、マンションでの防災は管理組合を単位として考えます。

▶自主防災の目的

マ ンションでの自主防災は、**図 3-5** に示す 3 つが主たる目的となります。

図 3-5

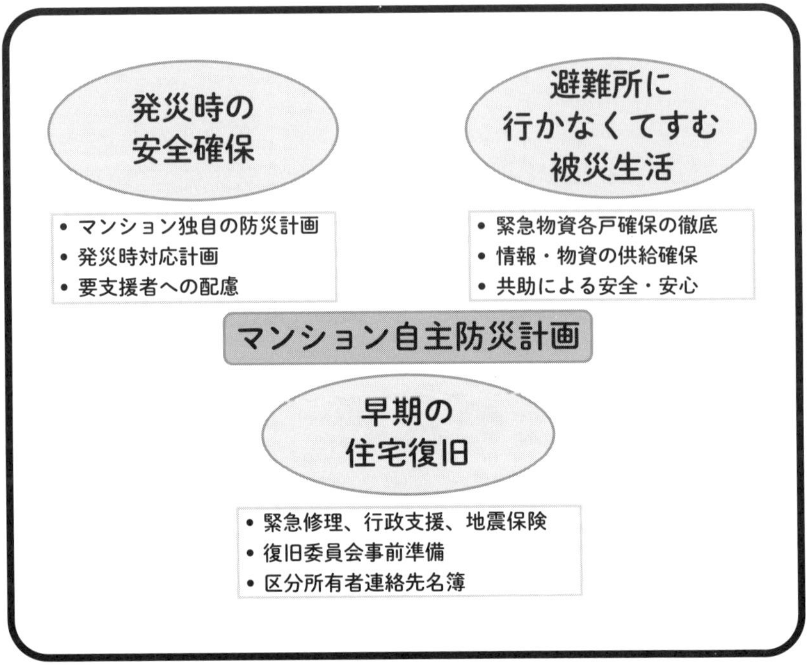

以下、具体的に見てみましょう。

発災時の安全確保

災害直後には、住民それぞれが身を守り、怪我せずに安全を確保することが最優先です。そのためには事前の準備が必要です。

また、発災直後に適切な対応を取るためには、マンションの事情に合った発災時対応計画をあらかじめ作っておく必要があります。

また、要支援者への対応をどうするかを考えましょう。東日本大震災など過去の大きな災害では、要支援者の死亡率、被災率が高い状態でした。要支援者の問題は、日常の福祉活動、介護サービスなどと連携して考える必要があります。日常の福祉活動と、災害対応は別物で

は無く、災害は日常の延長上にあります。

避難所に行かなくてすむ被災生活

　これまでも述べてきたように、避難所は、家が全壊／全焼または半壊／半焼した人を対象に設定されています。通常の戸建て住宅よりも耐震性の高いマンションの住人のうち、避難所の収容対象になる人は少ないと想定されています。また、避難所の劣悪な環境よりは、可能ならばマンション内で協力して被災後を過ごす在宅避難の方がずっと快適です。

　ただし、在宅避難をするには、これまで本章において示したように、さまざまな準備が必要です。

早期の住宅復旧

　災害に襲われたときのゴールは、元の生活に戻ることです。3つめの目的である早期の住宅復旧は「元の生活に戻るため」の重要な課題となります。

図 3-6

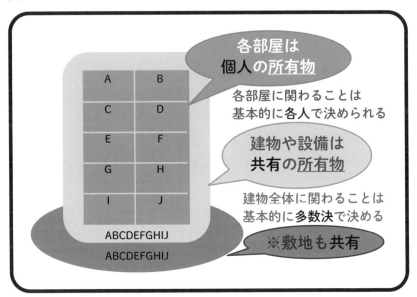

　第 1 章でも述べたように、分譲マンションでの住宅復旧は、個人所有の住宅とは事情が異なります。分譲マンションは区分所有者それぞれが所有する専有部分と所有者全員で共有する共用部分から成り立っていますので、被災した箇所を修復するとき、総会の決議（もしくは区分所有者の合意）が必要になります。

　例えば、各戸の玄関扉の本体は共有部分とされています（なお、規約で内塗りは専有部分としていることが多くなっています）。そのため、ドア 1 枚の交換についても、管理組合の総会決議が必要となってきます。

　また、災害でマンションが被災したときも、復旧を進めるときには管理組合がリードして合意形成を行ったうえで、総会で決議をすることが不可欠となります。そのためには事前の準備として、所有者名簿の整備などが必要ですし、危急時の連絡先なども可能な限り管理組合で把握しておくべきでしょう。

マンションの所有者がバラバラに避難した結果、連絡がとれずに合意形成が遅れた事例は、過去の災害でも度々起こっています。被災マンションの復旧に際しては、早めに検討を進めることも重要な要素となるので、日ごろから上述のような準備をしておくべきでしょう。

▶共助の必要性

前 項で示したマンションで備える自主防災の3つの目的を、時系列で分解してみると次のようになります。

図 3-7

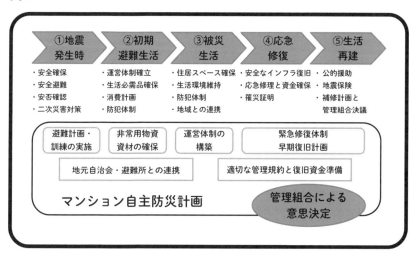

　マンション住民それぞれが自分の安全確保をした後、共有の住宅であるマンションが自主的避難場所として機能することで、災害後を凌いでいくことができます。

　マンションの自主防災計画とはすなわち、防災組織等が安否確認、建物の安全確認から始まり自主的避難所として機能し、なるべく早く通常の住まいに戻る仕組みを作っていくことです。当初の安否確認、安全避難、二次災害対策は防災組織が主導し、徐々に主体が管理組合

に移っていきます。

▶共助の組織のタイプ

災 害時共助のためには、日頃の準備を含めて防災組織を設立しておくべきです。災害はいつ来るかわからないので、管理組合や自治会の役員だけでなく、継続的に防災にかかわってくれるメンバーがいることが望ましいからです。

防災組織の位置づけには、いくつかのパターンが考えられます。

単独組織型

管理組合や自治会とは独立した、居住者の自主的な組織として位置づけるケースです。

- ●利点　　自主的かつ自由な活動ができる
- ●欠点　　居住者に対する強制力、正当性がない
　　　　　　資金面での課題が大きい

自治会型

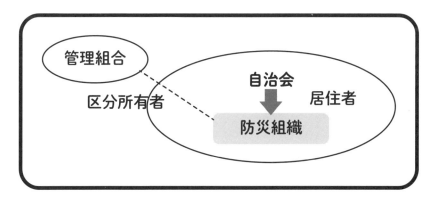

　マンションが単独で自治会を構成し、自治会の組織の一部として防災組織が活動する場合です。大多数の居住者が参加していることが望ましいのですが、自治会自体への加入率が低い場合は、この防災組織だけではマンション全体の組織、という支持を得にくいので、管理組合と覚書を結び、役割分担を行う等の対策が必要です。

- ●利点　　行政や周辺自治会・町内会との連携を取りやすい
　　　　　　行政の補助金、助成金が得やすい
- ●欠点　　建物の管理維持復旧に権限がない

管理組合型

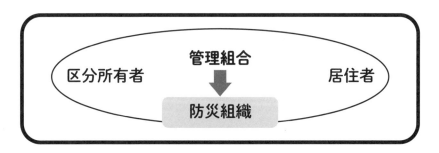

管理組合に属する形で防災組織を設置するケースです。

> ●利点　　管理規約に明記することで、法的裏付けを持てる
> 　　　　　資金的な支援が得られる
> ●欠点　　合意形成、規約改正が面倒
> 　　　　　賃貸者への強制力が弱い（規約や細則で防災組織について
> 　　　　　の賃借人の立場を明確に規定しておくべきでしょう）

協同型

　マンション内の管理組合と自治会が協力してつくる組織です。マンション居住者単独で自治会を組成している場合は、この形での防災組織を推奨します。

> ●利点　　区分所有者、居住者が一体となって活動できる管理組合、
> 　　　　　自治会からの資金的支援が得られやすい
> ●欠点　　管理組合と自治会の責任分担があいまいになりやすい。それを防ぐには、管理組合と自治会の役割分担等の明確化（文書化と承認決議）が必要

　なお、特にマンションにおいて管理組合以外に自治会も設立されている場合は、自治会が主導であるものの管理組合も協力しているようなものも少なくありません。例えば、あとの事例で示すマンションの中で、リムザとブラウシアは自治会が防災組織をひっぱっているものの管理組合も一定程度関与しています。（118頁）

なお、三田シティハウスは組合型に分類できます。

▶防災組織における規約等の 必要性

ある程度の人数が集まる組織では、組織内の合意形成や役割等について一定のルール決めをしておくとスムーズな活動をすることが可能となります。こうしたことから防災組織をつくるときも、規約等で必要なルールを定めておくべきでしょう。

やるべきことを文書化しておくことで、次のような機能が維持できます。

- ●組織の正当性の確保
- ●母体組織との関係性明確化
- ●組織の運営コンプライアンス

なお、国土交通省が公表しているマンション標準管理規約では、マンションが被災して緊急に対応が必要であるにもかかわらず、総会を開催することができないようなときには、理事会の決議や理事長の判断で応急的な対応をすることや、そのために組合の予算を使うことも視野にいれた規定をおいています。この規定は 2016 年の改正の際に追加されたものですが、マンション防災を考えるときには参考にすべきではないかと思います。

▶マンション防災組織としての 事前準備・発災時の初期活動

発災したときに、マンションの防災組織、管理組合は対応を迫られます。

まずは発災時です。地震のときをベースに考えてみましょう。

地震発生時

図 3-8

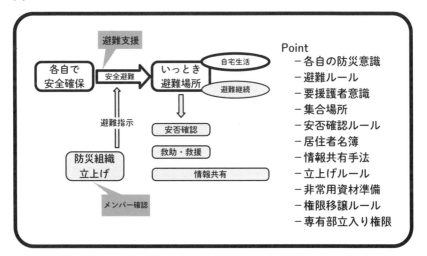

　図の中で、太ワクはそれぞれの個人や家族で対応すべきことです。揺れが収まるまでは、その時にいる場所で身の安全を確保します。

　揺れがおさまったら、注意しながら階段を使って外に出て、マンションであらかじめ決めておいた避難所（ここでは「いっとき避難場所」といいます）に集まります。

　移動に不安がある人には、周りが手を貸して上げましょう。

　なお、地震の際には、階段を下りての避難が難しい場合、無理に避難せず室内の安全な場所で避難を続けることも選択肢の１つです。例えば免震構造のマンションなどでは、高層階から必ずしも屋外に退避する必要は無い場合もあります。

　細ワクは、防災組織が組織として行うことです。共助を担う防災組織は、できるだけ速やかに組織を立ち上げましょう。発災直後には、避難の指示、誘導を行い、「いっとき避難場所」では安否確認を行います。

メンバーが集まったら、安否確認の結果を元に、不明者の確認や声がけ、救助活動を行います。建物や周辺の様子を確認したら、自宅で避難生活を続けるか、避難を継続するべきかを判断します。防災組織として重要な役割の1つは、正確な情報の収集です。

　ポイントとして上げた項目は、初期対応で重要な項目ですが、ウィークデイの日中の時間帯であればマンション内には高齢者や子供しかいない可能性もあります。居住者の状況等に応じて、いろいろな対応を考えておくべきでしょう。

コラム

発災直後には防災組織のメンバーが揃わない

　訓練の時と違い　発災時には防災組織のメンバーが揃わず、限られた人数での対応となることも考えられます。災害時の最初の対応はメンバー同士が連絡を取ること、初動のリーダーを決めることから始まります。

　限られた不慣れなメンバーでも行動できるような初動マニュアルの整備も検討すべきでしょう。

避難生活初期

　行政や外部からの支援が来るまでの間（3日間〜状況によっては7日間）の間は、共助で乗り切らなければいけません。

図 3-9

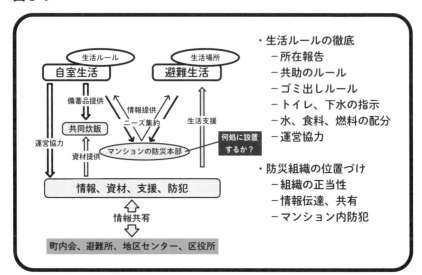

　この時期に大事なことは、マンションの安全を維持しつつ居住者相互で助け合って避難生活を送ることです。

　例えば、住民の安否確認は発災直後だけでは足りません。住民の状況などは、可能な範囲で注意を払っておくべきでしょう。また、マンション防災組織の本部は、必要な情報を収集したうえで、居住者に発信することなどにも留意する必要があります。

　また、マンション外に避難する居住者は、防災本部に連絡先を知らせておきましょう。

　図では、「炊きだし」の代わりに「共同炊飯」と書いてあります。「炊きだし」という言葉を使わないのは、この言葉には誰かが作って提供してくれる、というイメージがあるからです。

　発災直後には、材料も燃料も目の前にあるものしか使えません。できるのは、材料、燃料を持ち寄っての共同炊飯です。

　インフラが停止している混乱した時期を乗り切って行くには、生活

ルールを決めて、協力して乗り切っていく必要があります。区役所、町内会、避難所などと情報共有しながら、混乱期を乗り切っていきます。

コラム

居住者名簿の整備

　居住者名簿は、災害時に居場所が変わっても連絡がつくものが必要です。連絡先としては、携帯電話番号と、メールアドレスが重要です。高齢化が進んでいるマンションでは名簿に固定電話だけしか記載されていないことがあります。見直しておきましょう。

▶管理組合としての備え1 資機材

管理組合で災害に備えて準備するものをリストにしてみました。行政や外部からの支援が届くまでの間に必要な資機材は管理組合で揃えておきます。

　食料、水や簡易トイレ等の消耗品は各住戸で、管理組合では、個人が備えるには大きすぎるものや、共助に必要な資材、情報収集発信の機材、二次災害を防ぐための機材などを備えます。

- 情報に関するもの
- 電源、光源に関するもの
- 救助に関するもの
- 通信、情報に関するもの
- 二次災害防止に関するもの
- 衛生管理に関するもの
- 必要な燃料や消耗品

表 3-4

種別	品目				
基本情報	居住者名簿	要支援者名簿	緊急連絡先メモ	防災マニュアル	設計図書
大型備品	ガス発電機	防水型投光器	リヤカー／テント	エレベータ用防災キャビネット	大容量充電池／太陽光パネル
小型備品	LEDランタン	コードリール	電源タップ（USB の多口）	工具一式	ヘルメット／腕章
救助用備品	バール	ハンマー	担架	脚立	梯子
通信情報機器	トランシーバー	拡声器	ラジオ	テレビ	タブレット
広報用	ホワイトボード	マーカー	紙大小	マグネット	
安全確保用	トラロープ	トラテープ	ロープ／ひも	ブルーシート	コーン
消耗品	カセットボンベ	電池	布ガムテープ	養生テープ	ビニールテープ
汎用品	革手袋／マスク	大型ポリ袋	水タンク	ヘルメット	ホイッスル
衛生用品	簡易トイレセット	トイレテント	おむつ（成人・子供）／生理用品	マスク	トイレットペーパー／ウェットティッシュ

感染症対策も

全体としての保有資材把握と適切な配置が必要です

水、食料、簡易トイレは各個人、各戸で用意する

　水、食料、簡易トイレの他、生活に必要な消耗品は各戸で用意します。管理組合で用意すると、住民全部の分を保管するにはスペースが確保できないこと、長期保存の単一商品で、経費がかさむことなどのデメリットがあります。中途に備蓄すると、居住者の備蓄が進まない原因ともなります。

▶管理組合としての備え2 情報の受発信

大きな災害の後、管理組合にまず求められる活動は、まずはマンション内の居住者の安否確認と、二次災害を防ぐために建物の被害状況についての確認をすることです。落ち着けば、損傷箇所の詳しい確認、復旧に向けての補修計画と資金調達につながっていきます。

　マンションでの情報受発信とは具体的には次のようなものです。

災害に備えて、事前に集めておくべき情報例

- 所有者の連絡先　緊急時の関係先リスト
- 近隣の関係先の情報
- 建物の基本情報（特に電気、ガス、水道配管のルートやバルブ、配電盤などの場所）

災害に備えて住民と共有しておく情報例

- ●災害に備えた啓発情報
- ●災害直後の初動マニュアル
- ●災害後の安否確認のルール

災害発生後に集める情報例

- ●居住者の安否情報
- ●マンションの被災情報（壁のヒビ、タイルの破損、配管損傷など）
- ●地域の避難所に届く行政の情報

災害時に発信するべき情報例

- ●マンションの被災状況、インフラの状況
- ●生活ルール（ゴミ、インフラ関連）
- ●支援物資など避難所に届く救援情報などの公式情報
- ●罹災証明など復興のための役所の情報　など

▶管理組合と公助の連携の必要性

被災した行政が動き出すのは 3 日後以降と言われています。

図 3-10

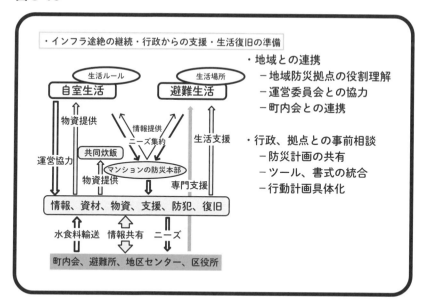

電気・ガス・水道は復旧していなくても、市役所や区役所からの支援が届き始める時期となります。

さて、行政の支援ですが、具体的には次のようなものが考えられます。

- ●支援物資が届き始めます。
- ●復旧に向けてのさまざまな手続きサービスなどの情報が届き始めます。
- ●保健所の健康調査等の専門家支援の提供が始まります。

また、この時期は、マンションにおいては、管理組合が破損箇所を確認し、補修に向けての準備に入り始める時期でもあります。そのため、地域や行政との連携は極めて重要な事項であることが理解できるでしょう。

さて、大規模災害時に公助の先端となるのは、避難所です。

避難所は家を失った人々のために一時的な住まいを提供する役割の

他に、その地域の在宅被災者に、情報や物資を提供する役割があります。

　避難所の開設は、行政職員や施設の管理者が行う場合、地域住民が行う場合など、行政によって異なりますが、運営は住地域住民で構成する組織で行う仕組みになっています。

　呼び名はそれぞれ異なります。例えば、避難所運営協議会（東京）、地域防災拠点運営委員会（横浜）、避難所運営会議（川崎）、避難所運営委員会（千葉）などです。

　避難所との連携については、地域の自治会町内会との関係も重要です。マンションの居住者で自治会を構成するようなときには、自治会の広域団体との連携も必要ですし、そうでないときは地元の自治会と日ごろから情報交換をするようなことも重要となるでしょう。

▶風水害への自主防災対策

風水害は地震災害と違い、予測、準備が可能です。またマンションの立地によって、あらかじめ浸水の深さや継続時間の想定がかなり正確にわかります。浸水した場合、どのルートで水が浸入してくるかは、リスクに応じた事前の準備をしっかりやりましょう。

　マンションの風水害対策の優先順位は次のようになります。

人命 > 電気設備などの機械分 > エレベーター > 自動車

　※**浸水経路の確認** が 重要

1. 人命
   - 準備 タイムライン添った行動啓発
     緊急時、高層階へ避難しやすい事前ルールづくり
2. 電源設備など 機械部分
   - 準備 浸水対策（止水壁、止水板、土嚢）
     工事が必要
   > 浸水すると
   > 生活困難が
   > 長期化
3. エレベーター
   - 準備 浸水対策（カゴは2階以上に退避させておく）
4. 地下駐車場の車
   - 準備 大量降雨前に、車を移動しておく

人命

　室内が浸水するような水害が想定される場合は、早めの避難を心がけましょう。逃げ遅れ等の緊急時には上層階への避難が必要です。上層階に避難しやすい事前のルール作りをします。

電源設備など機械部分

　電源などの機械部分が浸水すると復旧までには多くの時間がかかり、居住者全員が大きな影響を受けます。

　浸水対策には止水壁、止水板など工事が必要な事前準備と、水嚢、土嚢など災害が来てから行う対策があります。また、機械室の位置、水の浸入経路などのシミュレーションが重要です。

エレベーター

　機械部分の浸水対策は、電気設備などと同様です。災害発生時には、かごやロープが水につかることが無いようにかごを 2 階以上に移動して運転を停止する、などの措置が必要です。あらかじめ方法を知っておきましょう。

自動車

　大量降雨が予想される場合、地下駐車場、あるいは立体駐車場の下段など、水が溜まりやすい場所の車も早めの避難が必要です。近隣の空き地や高層階の駐車場と避難協定を結んでいる事例もあります。

> ### コラム
>
> ## 浸水経路
>
> 　2019 年 10 月に武蔵小杉の高層マンションで電気設備が浸水し長期の停電となりました。このマンションでは、道路に水が溜まり始めたとき、住民が集まって土嚢を積み、1 階エントランスからの浸水を食い止めました。
>
> 　ところが、通常は排水ポンプによってマンション外に排水している地下 3 階の下にある貯水槽が、地表の冠水によって流れ込んだ水を排水できずにあふれ、地下 3 階の電気機械設備が冠水する事態となりました。
>
> 　通常を上回る雨が降ったとき、どのルートで水が浸入するのか、またどの程度の浸水深を想定して浸水対策をするのかは。専門家を交えての検討が必要です。

浸水リスク軽減対策

　水害対策はマンション単位で考えるものと、地域全体で考えていくものがあります。

種別	期間	対策
建築物への浸水を防ぐ対策	短期	●建物出入口への止水板の設置 ●換気口など開口部の浸水防止対策 ●地下浸水経路への浸水防止設備設置
	中長期	●止水板では対応できない水位への対策検討
浸水を想定した対策	中期	●防水区画の形成（水密扉やシートの導入検討）
	中長期	●地下電気設備等の配置変更
地域レベルでの浸水対策	中長期	●内水氾濫リスクの最小化を含む水害対策等を、地域の団体や行政と協力して継続的に検討

防災マニュアルの
必要性と作り方

▶防災マニュアルの種類

災 害が起こったとき、マンション全体でどのように助け合い、復旧に取り組んでいくのかを決め、文書化したものが防災マニュアルです。

　マンション全体で1つの防災マニュアルを作ることも大切ですが、本書では、図に示すように、基本マニュアルをベースにして、住民用マニュアルや緊急時対応マニュアル等を必要に応じて作ることをお勧めします。

基本マニュアル

　理事や役員が読む全てを網羅したマニュアルです。建物、設備、資材に関する情報、平常時・非常時の体制、被災生活のルール、応急対応時のルールなど災害対応に必要なことを全てまとめておきます。

　ページ数が多く変更も多いので、ページ差し替えが容易なように穴あけファイルなどの形で管理します。

住民用マニュアル

　住民用には、普段やって欲しいこと（防災啓発）と発災直後の安否確認対応ルールを示した簡単なマニュアル（A3 2 つ折り程度）を年 1 度など定期的に繰り返し配ることが望ましいです。文字を大きく、イラストも入れて読みやすいものを作りましょう。

緊急対応マニュアル（初動マニュアル）

　発災直後は、混乱しますし役員が揃いません。緊急対応マニュアルには、慣れない人が見てもわかるように、やるべきことを順番に、簡潔に記載します。分担しやすいようにカード式にする方法もあります。

規約改正または使用細則

　2011 年の東日本大震災を受けて、マンションの規約に、災害時の対応を盛り込むことが推奨されています。災害時には通常のスピード感では対応できないさまざまなことが起こり、理事や理事長は慣れない対応を迫られます。規約改正のポイントは次項で説明します。

コラム

マンション DIG

　地図を使って災害想定を考えることを DIG（Disaster Imagination Game）といいます。マンション DIG は、マンションの平面図、立面図を使って、災害時の避難経路や災害本部の場所、避難経路、防災本部の設置場所などを考えるワークショップです。このワークショップをやると、参加者の意見が出やすく、防災マニュアルを作るにあたって大変有効です。

▶防災マニュアル作成のポイント

次に防災マニュアルを作成する際のポイントをまとめてみました。基本的には次のような点に留意しながら、必要に応じてマンションの特性も踏まえたうえで検討をするようにしてください。

防災マニュアルの役割

- 非常時に居住者や管理組合が対応しやすいように、「行動指針・役割分担」をあらかじめ決めておく
- 非常時にその場にいる誰かが対応するため、誰でもが対応でき、いつでも使える内容にする

マンションの事情に沿った独自性

●居住者数、非常用設備や管理組合の体制、マンションの立地や構造、行政の対応などが異なるため、自分たちの住むマンションの規模や構造などに合った、オリジナルの防災マニュアルを準備する

実用性

●できるだけ見やすく、わかりやすい文章やレイアウトで作成する
●チェックリストを作る
避難命令が発令された場合の行動や、事前の備えを整理する、生活の維持や再建にも役立つ
●震災時に使用できる安否確認シートや簡易トイレなどの小物も付ける等、実用性も考えてみる

マニュアルと防災訓練はセット

●防災マニュアルは、完成がゴールではない
●マニュアルに沿った行動を実際に試してみることが重要
●防災訓練などで実践と検証を繰り返しながら、より実践的なマニュアルにしていく

▶自主防災マニュアル（基本マニュアル）の構成例

次に、自主防災マニュアル（基本マニュアル）の標準的な構成例を示します。

　なお、マンションによって規模も構成員も異なることから、状況に応じて防災マニュアルにも工夫の余地があると思います。

---

1. 自主防災計画の目的
　　・発災時の安全確保
　　・安心できる被災生活
　　・早期の生活復旧
2. 対策本部・防災組織体制
　　1. 防災組織の構成
　　2. 通常時の体制と役割
　　3. 非常時の体制と役割
　　4. 緊急対応ルール
3. 名簿、資材・物資リスト（保管場所）
4. 震災時活動フロー例（概略）
5. 地震発生時の活動ルール　（詳細）
6. 居住者の事前準備と避難行動
　　1. 事前準備と備蓄
　　2. 避難時のルール
　　3. 被災生活のルール

7. 震災時の自主防災活動（具体例）
　　1. 地震発生直後〜1日目
　　2. 地震発生から2日目〜3日目
　　3. 地震発生から4日目〜1週間
　　4. 復旧移行期
8. 復旧体制
9. 防災活動の体質化（訓練）
10. 参考資料
　　・資料1　マンションの概要
　　　　—地震発生時の各種設備操作
　　・資料2　必要図面
　　・参考書式　XXXXXX

▶防災マニュアル作成の手順

前 項に示したマニュアルを作るときは次の図の順で作成します。書きやすいところから順番にチャレンジしましょう。

　なお、防災マニュアルの内容のところでも述べましたが、ここで示した手順は、私たちのこれまでの経験を踏まえたものですが、一方でこの内容が絶対ということではありません。マンションによって規模も違いますし、区分所有者や居住者の構成も異なります。そのため、必要に応じてアレンジしてください。

　結果として、それぞれのマンションにあった、そのマンションにとって最良のマニュアルができればよいわけです。

手順のフロー

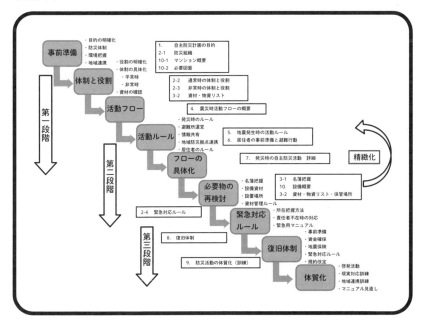

次に、第一段階から第三段階までに行うべきことを見てみましょう。

第一段階

1	自主防災計画の目的
2-1	防災組織
10-1	マンション概要
10-2	必要図面

2-2	通常時の体制と役割
2-3	非常時の体制と役割
3-2	資材・物資リスト

4　震災時活動フローの概要

第二段階

5　地震発生時の活動ルール

6　居住者の事前準備と避難行動

7　発災時の自主防災活動　詳細

3-1　名簿把握

10　設備概要

3-2　資材・物資リスト・保管場所

2-4　緊急対応ルール

第三段階

8　復旧体制

9　防災活動の体質化（訓練）

コラム

防災マニュアルの見直し

　既に防災マニュアルをお持ちの場合、以下の項目を中心に確認してみましょう。毎年見直すのが生きているマニュアルを作る秘訣です。

・既存マニュアルの対象とする範囲の確認
　　時系列でのカバー範囲は適切か？
　　対象とする読者は誰なのか？
・必須項目の網羅確認
　　時系列、項目別のチェック　不足している内容は何か？
・防災組織の活動の確認
　　班別の役割、時系列での行動がわかりやすいか？
　　天候、季節、時間帯が変わっても対応できるマニュアルか？
　　による有効性の確認
　　実際に効果的に活動できるか？
・読みやすさ、明確さ

管理規約の災害対応条項

分譲マンションにとって管理規約はマンションの憲法のようなものです。ご自分のマンションの管理規約を読んだことがありますか？

　国土交通省では、マンション管理の指針として「マンション標準管理規約」を作成し、逐次改正を行っています。標準管理規約には、管理組合は「マンション及び周辺の風紀、秩序及び安全の維持、防災並びに居住環境の維持及び向上に関する業務」があることが決められています。防災はそもそも管理組合の業務です。

　2016年（平成28年）の規約改正では、東日本大震災での課題を踏まえて、災害等の緊急時の管理組合の意思決定に関する内容が盛り込まれています。

　変更内容には次のような項目があります。

①理事長は緊急時には総会や理事会の決議を経なくても敷地及び共用部分等の保存行為と、それにともなう費用を支出することができる

②理事長は緊急時には、マンションを守るためには普段は入れない専有部や共有部に立ち入ることができる

③災害などで総会の開催が困難である場合には理事会で緊急の補修や修繕の決議と、それに伴う費用の支出をすることができる

　この修正条項は、理事会や理事長の緊急時の権限を明確化し、迅速に適切な行動をとれるよう、また規約で定義することで理事長や理事会を支える仕組みです。

　マンション管理組合の理事や理事長は、持ち回りで担当することが多く、任期も1〜2年の場合が多いです。不慣れな理事長でも災害

時に的確に行動できるように準備をしておきましょう。

　管理会社にすべておまかせの管理組合でも、災害時には大小多くの決断を迫られます。良きパートナーである管理会社も、担当者は10くらいのマンションを担当しているのが普通であることを考えると、災害時の緊急対応などは任せきりにはできません。

　マンションの意思決定は理事会を中心とした管理組合で行うべき事項であることを、十分に認識しておくべきです。

参考：標準管理規約における記載箇所	
	標準管理規約の条項
前頁①	21条6項、58条6項
前頁②	23条4項
前頁③	54条10項、58条5項

管理組合として事前の準備をしている事例

　マンションごとに立地特性も規模も異なります。また、区分所有者の年齢構成や家族構成も違うので、それぞれのマンションの状況に応じた防災対策も必要となりますし、時間が経過すると防災対策の見直しも必要でしょう。

　そのため、本書のようなマンション防災について書かれているような本のほか、具体的な防災対策をしている他のマンションの事例を調べることも重要です。

　ここでは、東京都府中市のリムザ、東京都港区の三田シティハイツ、千葉県千葉市のブラウシアの事例を紹介させていただきます。

リムザの防災活動

リムザ自治会長　　　　　林田健一
リムザ自治会会計役員　　後町伸司
リムザ自治会防災監修役　熊谷貴和

　私たちが住んでいる「リムザ」は、郊外型の大規模マンションです。世帯数は553世帯で、建物の竣工は2005年の2月でした。

　リムザは大規模マンションであるため、共用部分も充実しているほか管理体制もしっかりとしていますが、一方で区分所有者の数が多いため、ともすると住民相互の顔が見えにくくなるという問題もあります。そこで、分譲当初から住民の親睦を図る目的で「クラブリムザ」という仕組みがあり、住民相互で一定のコミュニケーションを図ることができるようになっていました。

　リムザでは、共用部を活かして、様々なサークル活動も行われています。

◇防災組織を設立した経緯

　ところで、リムザの竣工は阪神淡路地震からちょうど10年ということで、引っ越し前にはテレビの報道番組等でも「災害による建物の被害」等が取り上げられていたことから、私たちも「マンションで防災活動が必要」という意識を持つようになりました。そうしたなかで、子供のスポーツクラブ活動を通じて我々3人が知り合うこととなり、防災組織の立ち上げを一から検討するようになりました。

　そして、最終的にはリムザ独自で自治会を立ち上げ、自治会で防災活動を進めることとしたのですが、そうなった経緯は以下のとおりです。

① 防災には住民のコミュニティ形成が重要であるが、それとともに地域や行政との連携が不可欠である
② クラブリムザは住民の親睦組織ではあっても、地域や行政との連携をする組織ではない
③ 管理組合も、区分所有者の財産管理団体であり構成員は「区分所有者」となっているが、防災を考えるときは、「住民」目線で考

えることが必要であるし、理事も毎年変わることを考えると地域や行政とのパイプを継続することが難しい

④　以上から、自治会組織で対応をすることが最良と考えたので、地域の自治会への加入を模索したが、住民の数が多すぎることから、既存の自治会への加入が困難であった

　このようにしてマンションが竣工した2年後の2007年にリムザ単独の自治会を設立して、地域や行政ともかかわりながら防災活動を進めることとなったのですが、現実にはリムザというマンションの防災を考えるうえでは、管理組合と自治会の連携が必要です。そこで2014年に理事会の理解を得て防災委員会を設立することとなりました。

◇防災委員会の構成
　以上で述べたような経緯から、管理組合と自治会の共同により防災委員会を運営するようになったことから、マンションの共用倉庫の一部を防災備品の備蓄倉庫として利用することとなりました。そのため防災委員会は自治会から7人、管理組合の側からは理事長と副理事長2名及び防災担当理事の計4名からなる総員11名で構成しています。理事長らが委員会に入ることで、防災委員会の活動内容を管理組合の理事会でも共有化してもらうことに加えて、管理組合の協力が必要なときは速やかに理事会で審議してもらうことが可能となっています。
　また、部屋番号ごとに、「補給班」「情報通信班」「運用班」等の班分けがされていて、居住者は必ずそれらの中のいずれかに属することとなっています。
　ちなみに防災備品は、発電機（5台）、ポータブル電源（4台）、無線機（10台）のほか、背負い工具セット、水中ポンプ等に加えて、防塵マスクやレスキューシート等かなりの備品を用意していますが、これらは大規模マンションであるため保管庫も充実していること等から可能となっています。なお、備品などの経費は主に管理組合費でまかない、一部ゴミの分別等に協力をすることで市からおりている自治会の助成金等でもまかなっています。

◇防災委員会の活動
　基本的には、毎月開催している防災委員会のほか、年に一度実施している防災訓練が主たる活動となります。
　防災訓練では、次のようなことを行っています。

① 　理事や防災委員でテント設営の訓練と防災備品の確認等
② 　全体訓練では、安否確認マグネットを活用した避難訓練のほか、情報収集隊による戸別安否確認訓練や負傷者の搬送訓練、AED使用方法の説明と実演、水消火器による初期消火訓練等
③ 　その後は、必要に応じて、行政や外部の被災地支援活動経験者といった方々との意見交換会等

　なお、訓練後には餅つき大会等も行うなどして、毎回150人程度の参加を得ています（コロナ前）

　そのほか、様々なイベントをする中で住民との交流を図っているほか、周辺の自治会とも共同して地域の活動にも積極的に加わっています。さらに、自治会で上がった声を管理組合に伝えることで、リムザ全体の居住環境をよくすることにも貢献しています。

三田シティハウス防災活動

久保井千勢

　シティハイツ三田は 180 戸のマンションで、今年で築 24 年を迎えます。当マンションの防災活動について、防災設立した経緯と、日ごろの活動の紹介をさせていただきます。

◇防災委員会設立の経緯

　当マンションの管理組合では、防災訓練と防災イベントをそれぞれ毎年一回ずつ行っていましたが、法律に基づいて行われる定例行事のようなものであり、参加者もそれほど多くなかったようです。

　そうしたなか、8 年ほどまえに輪番で私が理事に就任したときに、当マンションの警備員さんから、「もし地震などがおきたときは、マンションの場合は在宅避難になるし、公助等もすぐに期待することはできず、自分たちで全て対応ができる準備が必要です。そのため、防災組織を管理組合でつくった方がよいのではないでしょうか」という話をいただきました。結果として 2 年の任期が終了するときに、マンション内に防災委員会を設立することとなりました。

　なお、当マンションで防災委員会の設立の議論をしているときに、区からもマンション内の防災組織に対して戸数に応じた助成金が下りる仕組みができたことなども追い風となったものと思われます。

◇防災委員会の活動

　ところで、マンション防災というと、管理組合や防災委員会としての備蓄のほか住民間のコミュニティ活動が重要であるという話をよく聞きますが、マンション内の倉庫は大きくないため、防災設備としては発電機やマンホールトイレのテントにトランシーバーがある程度です。そのほか、防災委員会を立ち上げた際に防災マニュアルを作成していますが、マニュアルはかなりの分量になっているため、A4 裏表の要約版を各住戸に配布して、危急時に最低限必要なこと（排水の制限やゴミ出しの制限等）について周知するようにしています。

　また、防災委員会として食料や水の備蓄をする余裕もありませんが、これらについては各家庭で必要な分を備蓄するように周知しています。

　こうしたことから、当マンションではコミュニティ活動を重視しています。具体的には、マンション住民のコミュニケーションを図ることは、防災委員会の役割の一つとして位置づけ、夏祭りやハロウィン、クリスマス会等のコミュニティイベントは防災委員会が主催しています。そのほか、月に一度の割合で「みんなのカフェ」という名称をつけたコミュニティカフェを運営しています。こうした活動を通じて、住民間で顔の見える関係を作ることができるようにしています。

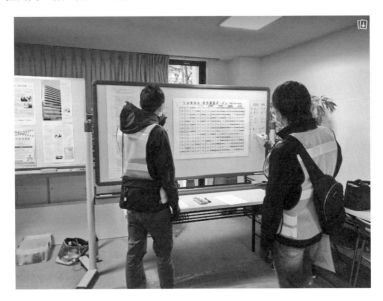

◇防災委員会の構成

　防災委員には特に定員は設けておりませんが、現在は7～8人がコアメンバーとなっています。また、委員会には管理組合の理事からも参加者を出してもらっていますが、そもそもマンション内のコミュニティ活動を運営する組織でもあるため、防災委員会自体が参加して楽しくなるような組織であることをめざしています。

　住民の中には、社会的なポジションが高い方もたくさんいらっしゃるなかで、敢えて普通の人間である私が委員長をさせていただいていて、私の足りない部分を委員の皆さんに補っていただくことができていること等も、良い方向で運営ができていることの一つの理由かもしれません。結果として和気あいあいとした防災委員会となっているた

めか委員会の担当理事だった人が、理事退任後も委員会に参加される
例もでています。

　このように、毎年の活動を積み重ねることで協力者を確実に増やし
ていくことができることを実感しています。

　災害などは起きないに越したことはないわけですが、万が一のとき
に備え、これからも「防災活動＝良好なコミュニティ作り」を心掛け
ていくつもりです。

ブラウシアで行っていること

ブラウシア管理組合法人　防災委員会
防災委員長　加藤　勲

◇はじめに

　ブラウシアは、千葉市中央区千葉みなと所在の、2005 年に竣工した、全 438 戸・約 1300 人の住民で構成される、超高層 20 階建ての都市型マンションです。『住民経営マンション』として、協力会社の力を借りつつ住民が自ら積極的に管理・運営しています。第 17 期となる 2022 年では管理組合を既に法人化し、イベント等を通じたコミュニティ形成により注力したマンションとなるため、管理規約前文に『ブラウシア管理組合法人は、強固なコミュニティをベースとし、終の棲家として充実したマンションライフを実現する』という理念を掲げ、すべての理事会における活動はこの目的達成のため、と明確に位置付けています。また、資産価値向上のため、メディア取材を歓迎し、今までに『ガイアの夜明け』などのテレビ、『SUUMO』誌上などに数多く取り上げていただくことで、住民のみならず転居してくる方がワクワクするマンション管理を目指しています。

　但し、防災という観点で見ると、規模が大きいために共用部施設はある程度充実しているものの、備蓄用倉庫などは建築基準法の制限もあり、この規模のマンションで必要とされているものの資器材の一部がかろうじて収納できる程度しか確保できないのが実態であり、万全の態勢を敷いているとはいい難いのも事実です。

　さて、ブラウシアでは、千葉市の定める要件を満たした管理組合を自治会と同様に扱う『みなし自治会』が構成されており、ほぼ全住民がこの自治会に属しております。この規模のマンションとなると、様々な点で行政とのかかわりが必要となってきますが、行政とのやり取りは建物維持管理を目的とした管理組合だけでは困難なことから、ブラウシアではマンション管理を行う管理組合と、行政や地域との交流を行う自治会をほぼ一体化して運営していることに、一つの特徴があります。

具体的には、管理組合を 4 つのグループに分けて日常的に活動しており、その一つに『自治会防災グループ』が設置されています。グループ長は管理組合法人の副理事長を兼務し、かつ、自治会長を兼任しております。グループには自治会担当理事がもう一名と、防災担当理事が 3 名の計 5 名の理事が所属しています。加えて、理事経験者が理事会の承認を経て就任する『オブザーバー』として、自治会担当 1 名、防災担当 3 名が別にグループに属しており、合計 9 名の住民と、防災の外部専門家 1 名、管理会社フロント担当を加えた 11 名でグループを運営しています。このような運営形態により、管理組合と自治会がほぼ一体化し、かつ、輪番に伴う理事の任期の経過を経ても、活動に継続性と一貫性を持たせ、長期的に取組むことを可能にしております。退任する理事も、活動の中で親交を深め、後進が育つまではオブザーバーとして理事会組織にとどまることが珍しくありません。

◇防災組織設立の経緯
　ブラウシアでは、竣工後早い段階で自治会も組織化されていましたし、周辺の自治会連合会などの地域活動にも積極的に関与するよう努めてまいりました。しかし、防災に関する取り組みはなかなか浸透しておらず、東日本大震災後には『防災マニュアル』も作成され住民に配布されたものの、活用や、その後の必要な改訂がなされておらず、住民に浸透していないどころかその存在すら把握されていない状況でした。防災訓練も別グループ（設備を管理するグループ）配下で、管理会社主導のもと、火災と地震を混合したような訓練を続けており、防災への取り組みは十分とは言えない状況でした。

　そうした中で、私が第 11 期の理事に就任した時、ブラウシアでまだ十分でない仕組みとして『防災』に取り組むことを宣言し、先ずは理事会と協議のうえで、防災組織の常設化を目指すこととし、私的な集まりとして防災検討会を立ち上げました。発足時のメンバーは現役理事 2 名とオブザーバー 3 名で、月に 1 〜 2 回の会合を開催し、担務の取り扱いや活動指針を立案し、ブラウシアにおける防災活動を『あなたの大切な人を守ること』と定めました。

　その後、理事会組織としての設立準備委員会を経て、第 13 期（2018

年）管理組合総会で承認を得て、理事会配下の常設組織としての防災委員会が発足し、同時に細則も制定しました。発足当初は、理事会全般と外部交渉を担当する『理事会運営グループ』の下部に置かれておりましたが、その後の組織改正で、自治会と防災を一つにまとめた『自治会防災グループ』が発足し、防災委員会はその下部組織と位置付けられました。防災委員長といえども理事ではないため、理事会での承認を要する事項は、防災担当理事と共同で議案を理事会に上程し、承認を得るスタイルをとっております。

◇防災委員会の活動

　防災委員会のメンバーは、大きく『企画立案チーム』と『物資購入チーム』に便宜上別れ、普段はそれぞれの任務を遂行しております。毎月第一土曜日にはグループ内での定例ミーティングが開催され、防災体制の実務的な協議や、理事会での承認を要する購入品の検討など、理事会に上程するための議案を決めています。さらに、毎月第三土曜日に開催される全体の理事会では、各グループが提出する議案について、討論または承認が行われ、その決議に基づき防災活動を行っております。なお、実施に要する費用は、過去の管理業務の見直しから生じた管理費の余剰金（修繕積立金は50年先を見据えた均等積立方式に変更しましたが、管理費は竣工以来値上げしておりません）の中から、総会での承認を経て防災予算を毎期割り振り、防災訓練や災害対応時の資器材購入費用として充てております。

　大規模であること、管理組合の活動が充実していることが裏目に出ることもあり、住民の中には大規模震災時でも、漠然と理事会・管理会社が何とかしてくれるのではないか…との誤解を生んでしまうこともあるように感じます。また、東日本大震災以降、震災による被災への関心は一時的に高まったものの、時間の経過とともに関心は薄れ、防災に対する住民の関心は高いとは言えないのが実情です。そこで、毎期防災委員の募集ポスターや、訓練告知の全戸投函資料、館内掲示ポスターにも工夫を凝らすようにしております。例えば、著作権を放棄し二次利用をフリー化された佐藤秀峰氏の『ブラックジャックによろしく』のイラストをコラージュ化し、先ずは『目を引くポスター』となるよう心掛けております。また、防災訓練などのイベントも、『ブラ防！』という呼びやすい名称で統一し、少しでも関心を高める努力

を続けております。住民向けの管理組合広報誌『ブラウシアニュース』が毎月発行されますが、防災ニュースの連載は58回を数えました。

　さて、防災訓練は現在、主に大規模震災を想定した地震による初期対応を中心に開催しております。被災直後の安否確認は、安否の『否』のうち、特に安否確認の要望を強く抱えた住戸の、早期かつ確実な確認を目的としております。各家庭に配布してあるマグネット式の安否確認シートを玄関ドアに掲示することにより『安』の意思表示とし、かつ『安』の住戸の住民が同じフロアーに属する班のうち、『否』の住戸の安否を先ずは確認することとなっております。そこでも安否不明の住戸については、理事会構成員で組織される災害対策本部の承認の上、いざとなれば強制的な確認が取れる体制づくりを目指しています。この、住民による班の組織化と、輪番により任期一年で務めるリーダーの存在により、住民の防災意識は徐々に向上し、2021年の訓練の際には6割を超える家庭が訓練に参加するまでになりました。但し、その取り組みはまだまだ十分とは言えません。その他にも被災時に役立つ情報や知識の普及に努め、消防や警備会社の協力を得た起震車、消火、煙体験車の招へいやAED講習の他、現役看護師である住民の協力を得て、日常生活でも役立つ応急処置講習（三角巾の使い方や傷・止血・骨折などの応急処置方法など）を開催し、好評を博しました。こうした様々な資格や知識を持つ住民の協力を得ることも、コミュニティの強化のためには重要なことであると考えて、人材の発掘に努めております。コロナ禍においてもできる限りの訓練を、との観点から、『ZOOM』を用いて、自宅にいながら訓練の進行状況の実況中継や、防災組織についての情報を視聴いただける訓練も実施して参りました。

　ブラウシアの防災体制の特徴の一つは、『卒・マニュアル』にあると考えております。前述の通り、ブラウシアにも『防災マニュアル』は作成してあり、広範囲にわたる内容を網羅した優れたものではありますが、実際の被災時にまず大切なのは初動時の住民安否確認と情報の収集・分析、そして二次被害の防止に限定されます。その貴重な時間をマニュアルを読んで理解することに割いてしまうわけにはいきません。また、どれだけマニュアルに精通した人がいても、被災時にそ

の方がマンションにいるとは限りません。そこで、初期対応に必要なことだけに限定して、先ずは初めにこの指示書を開封した方に対応して欲しいことを、順を追って項目順に記載した指示書と、その実行の為に必要な資器材をまとめた『ファースト・ミッション・ボックス』を作成し、定められた場所に常設しています。また、2021 年からは、防災訓練でもこの『ファースト・ミッション・ボックス』を活用した安否確認訓練を実施しています。

　この『ファースト・ミッション・ボックス』は、ブラウシアの防災体制にあわせ、以下の三つの仕組みで構成されます。

　　　　ⅰ．各住戸。自助。
　　　　　　A3 裏表で、平常時から必要な備えや発災初期の各家庭での家族の安否確認などの初期対応。安否確認マグネットシート、長期避難時の連絡先届など。
　　　　ⅱ．各フロアー『班』。共助。
　　　　　　班内住民の安否確認、各班被災箇所の確認、災害対策本部との情報共有。
　　　　　　各階エレベーターに一番近い住戸の PS 扉内に常設。
　　　　ⅲ．理事会関係者で構成される『災害対策本部』。共助。
　　　　　　災害対策本部内の、グループごとの役割。
　　　　　　班だけでは解決できない問題のマンション全体の取り組み。予算や重い判断の伴うもの。各グループ毎に作成、防災倉庫に常設。

　各班と災害対策本部間は、通電中であればインターフォンを使用しますが、停電時でも連絡が取れるよう、各階と災害対策本部の『ファースト・ミッション・ボックス』には合計 30 台以上の簡易無線機を設置しています。また、住民がたとえマンションの外にいても災害対策本部と連絡が取りあえるよう、災害時専用の『LINE オープンチャット』も開設してあります。

　この防災体制については、防災訓練時にけが人の発生や設備破損などのイレギュラー事案を事例として想定し、防災委員会メンバーを含めない住民と理事だけで対応を実地に考えていただき、そこで指摘さ

れた問題点・改善提案をアンケートで吸いあげながら、適宜改善を加えております。

　そのほか、新しい取り組みとして、マンション近くで農地を借り受け、野菜の栽培を始めました。現在は一部住民有志のみの活動ですが、ゆくゆくは管理組合法人公認のサークル化し、平常時は野菜作りを楽しみながら、被災時にはマンション全体に農作物を提供できる規模まで育てていきたいと考えております。

　最後に、ブラウシアでは、災害が発生した時に予算措置を含めた臨機応変な対応ができるように、管理規約を改訂してあります。具体的には、現在の標準管理規約をベースとしつつ、理事会を構成するグループの一つ、理事会運営グループ内の規約改正委員会と共に、必要な改訂を施し、危急時には修繕積立会計の中から一定額を限度に総会を開催することなく、理事会決議のみで緊急の補修費等の支出ができる点などを盛り込んであります。

◇終わりに
　マンション防災には、「これをすれば完璧」というものはないと思いますが、試行錯誤を繰り返す中で、少しずつ改良をすることは可能だと思っています。また、マンションの立地や規模、区分所有者等の状況等でやるべきことや優先順位も変わってくるため、あるマンションでやっていることをそのまま真似をすればよい、というわけでもないと思います。もっとも、他のマンションの経験で役に立つことも少なくないはずですから、私たちは、自分たちの経験は極力発信するように心がけています。

　災害に対する備えで最も有効なものは、平常時におけるコミュニティの強化、顔の見える住民同士の交流だと思います。管理規約の理念の実現と防災に対する備えは、その目指すところを同じくしていると考えます。防災への取り組みを通じて、また、各種イベントを通して、住民間のより一層の交流の深化と、マンションで起こるすべてのことを自分事として、住民自らが考え対応していく。この不断の取り組みを通じて、防災に強いマンションは作られていくと考えます。

　できれば、災害などは起きないでいて欲しいものですが、万が一に備えて「今できることは、自分たちの手で、楽しみながらみんなでやっていきたい」、そんなことを考えています。

この部分のまとめ

個人でやることの他に、マンション単位で行うべき防災対策があります。マンションの防災対策は、管理組合の責任です。準備を整えれば、マンションで暮らし続けられる可能性が高くなります。

第**4**章

被災マンションの
復興の手続き

被災区分の確認

▶被災区分を確認する意味

　　マンションが被災したときは、**建物の被災状態によってその後の手続きが変わるため、まずはその判断をすることが必要**です。以下で使われる言葉には法律用語も多いのでわかりにくい部分もありますが、まずは**表4-1**の「被災度合い」を示す4つの言葉と意味を覚えてください。

　なお、本章と次の章では、用語や附随する事項について「解説」という項目を設けて説明していますが、この部分は飛ばして読んだうえで、必要なときに確認をしていただいても構いません。

表4-1　法律上のマンションの被災区分

被災度合い	具体的な状況
軽微損傷	建物の本体に特段の影響がない程度の被害
小規模一部滅失	建物の価格の半分以下が壊れた状態
大規模一部滅失	建物の価格の半分を超えるレベルまでが壊れた状態
全部滅失	建物としての機能を失った状態

被災区分についての説明

　表4-1で建物の被災度合いについての区分をしましたが、厳密に言うと、区分所有法には「軽微損傷」「小規模一部滅失」「大規模一

部滅失」「全部滅失」という言葉は出てきません。

　そもそも、区分所有法は区分所有建物の共用部分と敷地及び附属施設の管理や復旧及び建替え等について定めた法律ですから、全部滅失した建物は区分所有法の対象とはなりません。ただし、被災マンション法において「建物の全部が滅失」したときの規定がされています。

　次に、区分所有法第61条では、「建物の一部が滅失したときの復旧」について定めています。この中で「建物の価格の2分の1以下に相当する部分が滅失」した場合について第1項から第4項で規定しており、第5項から第12条までは「第1項本文の場合（建物の価格の2分の1以下に相当する部分の滅失）場合を除いて、建物が一部滅失した場合」について規定しています。そのため、以下では前者を小規模一部滅失、後者を大規模一部滅失と表現します。

　なお、軽微損傷については、区分所有法においても何の言及もありませんが、建物が一部滅失した状況でないため、こうした用語をつかわせていただきました。

「建物の価格」について

　小規模一部滅失と大規模一部滅失の区分をするときに「建物の価格」をベースにして考えているのですが、この場合の「建物の価格」はどのように算定すればよいのでしょうか。結論から申し上げると「被災する直前の建物の価格」で考えることになりますが、私たちがマンションを買うときは土地（持分）と建物（区分所有権）込みの価格で考えているので、「建物の価格」といわれても検討がつきません。

　そのため、「**小規模一部滅失**」か「**大規模一部滅失**」かの判断が微妙なときは、**不動産鑑定士に鑑定評価をしてもらった額を「建物の価格」と考える**ことになるでしょう。なお、鑑定評価をする際には、復旧にかかる工事費なども参考数値として必要になると思われます。

　そのほか、必要に応じて不動産問題に精通した弁護士や建築士等の

意見も聴きながら、最終的には管理組合で判断をすることになります。

　次に、大規模一部滅失と全部滅失も判断に苦しむことがあります。

写真 4-1 と **4-2** をご覧ください。

写真 4-1

提供：戎正晴弁護士

　写真 4-1 は写真の建物の左側部分は 3 階部分が一部つぶれていますが、右側はつぶれていません。そのため、このマンションは、大規模一部滅失と判断されています。

　次に「全部滅失」ですが、建物が全壊した場合はもちろん全部滅失ですが、例えば**建物の特定の階がすべて潰れてしまったような状態は、すでに建物としての機能を失っているため全部滅失とみなされている**ようです。**写真 4-2** は、4 階建ての建物の 1 階部分がすべて潰れてしまっているので、建物としての機能が失われたと判断され、全部滅失とされています。

写真 4-2

提供：戎正晴弁護士

　大規模一部滅失か全部滅失かの判断も、不動産鑑定士のほか弁護士や一級建築士等の意見も参考にして、管理組合で判断をすることになります。

▶建物の被災度合いを判断する　うえでのその他の注意点

災害で被災した建物の被災度合いを考えるときに、とてもややこしいことがもう１つあります。それは、**目的ごとに被災状況について別々の判断基準がある**ことです。

　「目的により別々の判断基準がある」とは、どういうことでしょうか。基本的には次の４つの場面が考えられます。

大規模災害の際の被災度合いの判定を受ける場面
　①　応急危険度判定
　②　罹災証明の交付
　③　地震保険の保険料を支払い
　④　被災マンションの復旧を考えるときの法律上の区分
　　　（前述のとおり）

参考までに、①から③の内容についても簡単に説明をいたします。

①応急危険度判定

「応急危険度判定」とは、大地震で被災した建物について、余震などで倒壊するリスクを応急的に判断するためのもので、応急危険度判定士が判断します。

「赤」「黄」「緑」の紙を貼って判断するものですが、その家にとどまることが安全か危険かを一時的に判断するための材料に過ぎません。

②罹災証明

次に罹災証明ですが、住居の被害の程度を証明する公的な書類となります。**大規模災害で住居が被害をうけたときに被災者が公的支援を受けるときに必要なもので、「全壊」「大規模半壊」「半壊」「一部損壊」の４つに分類されます。研修を受けた調査員（市町村の職員等）が調査をしたうえで判定をします**（表4-2）。

表 4-2　罹災証明における被害の区分

被災度合い	具体的な判断基準
全壊	損壊により受けた経済的被害が 50％以上もしくは、損壊部分の床面積が全体の 70％以上の場合等
大規模半壊	損壊により受けた経済的被害が 40％以上50％未満もしくは、損壊部分の床面積が全体の 50％以上 70％未満等
半壊	損壊により受けた経済的被害が 20％以上40％未満もしくは、損壊部分の床面積が全体の 20％以上 50％未満等
一部損壊	損壊により受けた経済的損失が 20％未満もしくは損壊部分の床面積が 20％未満等

③地震保険における区分

　地震保険は、地震や地震による津波、火山の噴火等の補償をする保険ですが、地震保険料を支払う際の根拠とするために、**日本損害保険協会の認定試験に合格した鑑定人が判定**をします。被災区分は罹災証明上の被災区分と似ていますが、建物の損壊状態についての判断は異なります。具体的な区分と保証料率は**表 4-3**のとおりです。

　なお、被災度の判定について不満があるときは、消費者向けの窓口で相談を受けているようです。

表 4-3　地震保険の被災区分と保証料率

被災区分	保証料率
全損	地震保険金額の 100%
大半損	地震保険金額の 60%
小半損	地震保険金額の 30%
一部損	地震保険金額の 5%

　以上で説明した事項について、それぞれの「目的」と「被災区分の判定者」について、**表 4-4** でまとめました。

表 4-4　それぞれの「目的」と「判定者」

分　類	目　的	被災区分の判定者
応急危険度判定	自宅からの避難の必要性	応急危険度判定士
罹災証明	公的な支援の必要性	研修を受けた調査員
地震保険	地震保険料の判定	認定試験に合格した鑑定人
法律上の区分	復興の際の法的手続き	管理組合

　この中で、「罹災証明」と「地震保険」及び「法律上の区分」では**表 4-5** で示すように似たような用語が使われていますが、似た用語で表現がされていても同じ状態を意味するとは限らないことに注意が必要です。

表 4-5　罹災証明と地震保険と法律上の手続きにおける用語

類型	罹災証明	地震保険	法律上の手続き
被害状況	全壊	全損	全部滅失
	大規模半壊	大半損	大規模一部滅失
	半壊	小半損	小規模一部滅失
	一部損壊	一部損	一部損傷

◇注意点：似た言葉でも同じ状況を意味しない例
　　罹災証明の全壊 ≠ 地震保険の全損 ≠ 法律上の全部滅失
　　罹災証明の大規模半壊 ≠ 地震保険の大半損 ≠ 法律上の大規模一部滅失

▶法律上の区分は管理組合で判断することは可能か

次節で述べるように、**建物の被災状況によって復興の手続きは異**なります。

　ところで、被災状況が法律上どの区分に該当するかについては管理組合が判断することになるのですが、管理組合は専門家集団ではないため誰が見ても同じ判断をする被害状況である場合を除くと、判断は困難となるのではないでしょうか。そのため、このようなときには、専門家の助言が重要になるでしょう。

　ことに、**区分所有者の中にマンションの復興の手続きに不満を持つような人がいて、その人物が「復興の手続きが法律に沿って行われていない」という主張をするようなときには注意が必要です**（注 4-1）。被災状況についての管理組合の判断の正否について裁判による手続きを求めることもあるためです。

注 4-1　例えば管理組合の総会で、「小規模一部滅失の復旧」について決議が
　　　　された場合は、決議されたことを否定することは難しいので、決議の前提
　　　　条件を否定するような方向で異論を唱える人物がいることも考えられます。
　　　　具体的には、「小規模一部滅失として決議をしたが、そもそもこの被害は
　　　　大規模一部滅失ではないか」というような主張をするケースです。小規模
　　　　一部滅失と大規模一部滅失では総会の決議要件が異なるので、小規模滅失
　　　　の復興として決議をしたケースが大規模一部滅失に該当しているとすれば、
　　　　決議の有効性に問題があることになりかねません。

　このようなことを考えると、被災状況についての判断が微妙なとき
で、復興の進め方等について異論を唱える区分所有者がいる場合など
には、最悪の場合は裁判になることを前提にして、専門家から助言を
得ながら対応することをお勧めします。この場合の専門家とは、前述
のように不動産鑑定士のほか弁護士や建築士等となります。

　管理組合が被災状況の判断をする際の手続きのイメージを示すと**図
4-1** のようになるでしょう。

図 4-1　管理組合が被災度合いを判断するときの手続きのイメージ

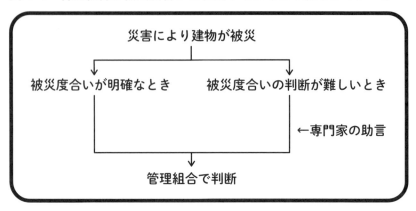

　次に、軽微損傷から全部滅失まで、それぞれの場面での復旧の手続
きについて考えてみましょう。もっとも軽微損傷や一部滅失の復旧等
と全部滅失の場合では留意すべき点が異なりますので、まずは軽微損
傷と一部滅失をした場合の手続きから説明をさせていただきます。

軽微損傷と
一部滅失したときの
復興の手続き

▶被災マンションの
復興についての手続きの分類

管理組合として、被災状況について判断をしたあとは、それぞれ
の被災状況に応じた復興の手続きを進めることになります。被
災状況ごとに復興の手続きにかかる選択肢をまとめると**表 4-6** のよ
うになります。

表 4-6　被災状況による法律上の手続きの選択肢

<table>
<tr><td colspan="2">被災状況</td><td>法律上の手続き</td></tr>
<tr><td colspan="2">損傷</td><td>① 区部所有法第 18 条により修繕
② 区分所有法第 62 条による建替え</td></tr>
<tr><td rowspan="4">滅

失</td><td>小規模一
部滅失</td><td>① 区分所有法第 61 条 1 〜 4 項による復旧
② 区分所有法第 62 条による建替え</td></tr>
<tr><td>大規模一
部滅失</td><td>① 区分所有法第 61 条 5 〜 12 項による復旧
② 区分所有法第 62 条による建替え
③ 政令で定める災害の場合は、被災マンショ
ン法による「建物敷地売却決議」「建物取壊
し敷地売却決議」「建物取壊し決議」も可能</td></tr>
<tr><td>全部滅失</td><td>① 政令で定める災害の場合は、「再建決議」
もしくは敷地売却決議が可能
② それ以外の場合は全員同意で進める</td></tr>
</table>

　この表から、**軽微損傷から大規模一部滅失をした場合も含め、復旧以外に「建替え」や「売却」を選択することがあります**。すなわち、災害による被害が軽微なときでも、建物の築年数が相当程度経過しているような場合は「お金をかけて復旧するよりは、この際、建替えを進めよう」という判断をすることもあることがその理由です。

　次に、細かなことは後に説明しますが、**政令で指定された災害により建物が全部滅失したときは区分所有法ではなく、被災マンション法により手続きを進める**ことになります。

　そこで、まずはマンションが全部滅失した場合を除いた復興（軽微損傷、小規模一部滅失、大規模一部滅失）について考えてみましょう。

▶軽微損傷のとき

軽微損傷のときは、**管理組合の総会の普通決議を経て損傷個所の補修を進める**ことになります。この場合は費用もそれほどかかるわけではないので、比較的決定は早くできるのではないかと思われます。

　「普通決議」とは、原則は区分所有者と議決権のそれぞれ過半数となっていますが、規約で別段の定めをすることができます（注 4-2）。そのため、規約で普通決議の要件がどのように規定されているかについては、予めチェックしておくことをお勧めします。

　次に、軽微損傷に過ぎないときでも、マンション全体の老朽化等の状況によっては建替えに進むケースがあることは前述のとおりです。

　なお、第 1 章の「大規模災害に見舞われたとき」でも述べたように、災害の規模が大きなときは建設会社も仕事が急増することになるので、工事費用も高くなることに加えて、頼んでもすぐに工事ができない可能性があるので注意しましょう（注 4-3）。

注 4-2　例えば、国土交通省が公表している標準管理規約では、総会の定足数を区分所有者の議決権の半分以上とするとともに、総会出席者の議決権の

過半数で決議できるとしています。つまり、理屈の上では区分所有者の議決権の4分の1超で決議できることもあります。

注4-3　拙稿「耐震診断の開示ルールがマンションの耐震化を阻む現実について」週刊エコノミスト　2022.10.11号

▶小規模一部滅失のとき

小 規模一部滅失の復旧についても、原則として管理組合の総会の普通決議で復旧を進めることになります（注4-4）。もっとも、深刻な被害は受けていないとしても建物が一部滅失している状態ですから、軽微損傷の場合とは異なり、建物を復旧するにはそれなりの費用がかかることになるでしょう。そのため、復旧の検討の過程では、「**費用の捻出方法**」についても**十分に検討**をすべきです。

また、建物が小規模一部滅失をしたときも復旧ではなく建替えに進む場合があること、また工事費用の高騰に加えて、復旧の工事に入るまでに時間がかかる可能性が高いことは前項「軽微損傷のとき」で述べたとおりです。

注4-4　復旧に際して、復旧のついでに共用部分の変更も行うようなときは、共用部分の変更（軽微変更の場合を除く）については区分所有者と議決権の各4分の3の決議が必要になります。復旧とは、被災前の状態に戻すことに過ぎないので、復旧+αの手続きを進めるようなときは、専門家と相談をしながら手続きを進めるようにしましょう

参考：復旧の費用について

建物が被災したときの復旧の費用に修繕積立金を充てることも可能ですが、多くの場合修繕積立金は大規模修繕をするための費用として積まれています。そのため、災害の復旧で修繕積立金を

取り崩すとその後の大規模修繕のときの費用が不足する可能性があります。また、借入金で費用をまかなうときは、事後の修繕積立金は借入金の返済額相当を加算することも視野にいれる必要があります。

　また、念のため公的な支援の有無等も確認をしておくべきでしょう。

参考：復旧の手続き例

　軽微損傷や一部滅失をしたマンションの復旧の手続きは、通常のマンション管理と大きく変わることはありません。もっとも、管理組合の総会で決議をするまでに、被災状況の確認や復旧の手続き等について区分所有者に理解をしてもらうために、説明会や意見交換会等の活動が必要な場面が多くなることなどについては留意すべきです。

　図 4-2 で軽微損傷や一部滅失の復旧を進める際のフローの例を示します。なお、この手続きはマストではなく、マンションの規模や区分所有者の状況に応じてアレンジをして頂く必要があることも申し添えておきます。

図 4-2　軽微損傷や一部滅失の復旧のフロー例

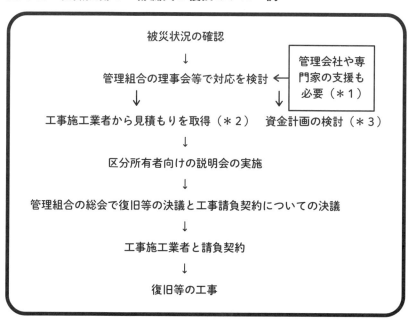

＊1　多くの場合は管理会社の支援を受けることになると思いますが、必要に
　　応じて、マンション管理士や一級建築士、弁護士等さまざまな専門家の協
　　力を得ることも視野にいれておくべきです

＊2　工事施工業者からの見積もりは、複数の事業者から取得することが原則
　　ですが、被災状況によっては工事が逼迫して見積もりに応じてもらえない
　　こともあります。

＊3　修繕積立金は大規模修繕等に必要な費用をベースに算定していることが
　　多いので、復旧で修繕積立金を使ってしまうと次の大規模修繕に支障が出
　　る可能性もあります。修繕積立金の状況や大規模修繕のタイミングも視野
　　にいれて資金計画の判断をすべきでしょう

▶大規模一部滅失の復旧

災害で建物が大規模一部滅失すると、その復旧にはかなりの費用
と時間が必要になります。

　そのため、**小規模一部滅失までの手続きと比較すると、法律上の手
続きも複雑になりますし、合意形成にも時間がかかることが多くなる**
ので、「建物の復旧」と「建替え」の検討を並行して進めるような場
面も増えてくるでしょう。加えて、復旧も建替えもせずに売却の方向
で検討を進めることも考えられます（注 4-5）。

　また、**マンションが大規模一部滅失状態になると、避難所等マンショ
ン外の場所に避難をする区分所有者が多くなりますが、このようなと
きには、説明会や総会を開こうとしても、多くの区分所有者の連絡先
が分からなくなるケースもあるでしょう**（注 4-6）。

　以上の理由から、大規模一部滅失の復旧で注意すべきことを挙げる
と次のような点を挙げることができます。

> ⅰ　決議要件のハードルが上がること
> ⅱ　「買取り請求権」という問題
> ⅲ　総会の議事録を作る際に注意が必要であること
> ⅳ　連絡がつかない区分所有者が増える可能性があること

それぞれについて具体的に見てみましょう。

注 4-5　区分所有法には復旧や建替えについての規定がありますが、売却につ
　　　　いての定めはないため、大規模一部滅失したマンションを売却するときは
　　　　原則として区分所有者全員の同意が必要になります。ただし、政令で定め
　　　　る災害により大規模一部滅失をしたマンションについては、被災マンショ
　　　　ン法で「建物敷地売却決議」や「建物除却敷地売却決議」等について規定
　　　　がされています。詳しくは後述の本章「被災マンション法の適用」をご参
　　　　照ください。

注 4-6　通常の場合でも管理組合の総会で「4 分の 3 決議」をするときのハードルはかなり高くなります。まして、所在不明の区分所有者の数が多いと決議が困難になる可能性もあるので、管理組合としては日ごろから危急時の連絡先を確認しておくようにすべきです。

決議のハードルが上がること

　建物が大規模一部滅失をしたときの復旧については、管理組合の総会で区分所有者の頭数と議決権のそれぞれ 4 分の 3 以上の賛成が必要となります。建替え決議（区分所有者の頭数と議決権のそれぞれ 5 分の 4 以上）よりは若干低くなっていますが、復旧に相当な費用負担がかかることを考えると、決議のハードルはかなり高いものであることがお分かりいただけるでしょう。

　軽微損傷や小規模一部滅失も含め、総会での決議要件については**表4-7** にまとめています。

表 4-7　復興のための決議要件

被害の区分	決議要件
軽微損傷	原則は区分所有者と議決権の過半数。ただし規約で決議要件を下げることも可能
小規模一部滅失の復旧	
大規模一部滅失の復旧	区分所有者と議決権の各 4 分の 3
建替え	区分所有者と議決権の各 5 分の 4

「買取り請求権」について

　買取り請求権とは、**大規模滅失の復旧の決議で賛成をしなかった区分所有者が、自分の権利（区分所有権と敷地利用権）を決議に賛成した区分所有者に対して「時価で買い取る」ことを請求できる権利**です。

買取り請求権を行使した区分所有者は、買取り請求をした相手方に自分の権利を売却したうえで、転出することができることになります（後述、コラム「買取請求権という制度がある理由」を参照）。

　具体的には、復旧の決議に賛成をした特定の区分所有者に対して買取り請求権を行使することもできますし、決議に賛成した区分所有者全員に対して行使することもできます。**図 4-3** のケーススタディをご参照ください。

図 4-3　a・b・c・d・e の 5 人で構成されるマンションで a が復旧の決議に反対して残りの 4 人が賛成した場合

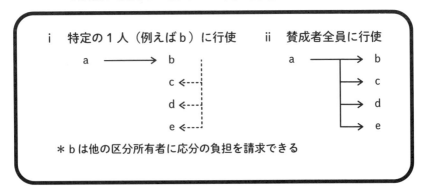

　図 4-3 の i は、a が復旧決議に賛成した b に対して買取り請求権を行使する場合を示しています。この例を前提に考えてみましょう。

　仮に、買取り請求権を行使されると、対象住戸（この場合は a の区分所有権と敷地利用権）について a と b との間で売買契約が成立したものとみなされるので、b には売買代金を支払う義務が生じることに注意が必要です。

　もちろん、この場合でも、b は a に買い取り代金を支払った後は、他の区分所有者である c や d や e に対して、応分の負担を求めることはできますが、a から代金の支払いを求められると、いったんは b が買取り金額を支払うことになります。そのため、b は買取り代金を支払うための準備をしておかなければいけません。

次に、ⅱの場合は、ａは他の区分保有者であるｂ・ｃ・ｄ・ｅ全員に対して買取り請求権を行使するケースですが、この場合は買取り請求権を行使されたｂ・ｃ・ｄ・ｅ全員で買い取り代金を調達しなければいけないことになります。多くの場合、ｂ・ｃ・ｄ・ｅはそれぞれ年齢も経済的な状況も異なるでしょうし、その調整に時間がかかる場面も考えられるため、ｂ単独で買取り代金を準備するよりも難しいことも少なくないでしょう。

　なお、ここで説明した以外に、例えば「ｂ・ｃ」あるいは「ｃ・ｄ・ｅ」等といった形で買取り請求権を行使することも可能です。

注意点：一部滅失から６月以内に復旧もしくは建替え決議を行う
**　　　　必要性**

　大規模一部滅失したときの買取り請求権の行使については、決議の非賛成者以外に、滅失から６月経過した時点で、復旧の決議もされないときにもこの買取り請求権の問題が生じます（区分所有法第61条第12項）。

　この点については、本章156頁で述べますのでそちらをご参照ください。

コラム

区分所有法等の改正について

　令和４年９月から、区分所有法等のための法制審議会がはじまりました。法改正の状況によっては、決議の要件等を含め、ここで説明した手続きの一部が変わる可能性があります。

コラム

「買取り請求権」という制度がある理由

　大規模一部滅失したマンションの復旧を考えるときに、わかりにくい仕組みとして、「買取り請求権」があります。買取り請求権の概要は前述のとおりですが、なぜ、このような仕組みがあるのでしょうか。その理由について説明をさせていただきます。

　マンションの管理等については、総会で決議された事項については、決議に反対をした区分所有者も従う必要があります。例えば災害で一部滅失したマンションの復旧をする際に、復旧のために各区分所有者から一時金を集めることとなったときは、復旧に反対をした者もその負担に応じる必要があります。

　ところで、建物が大規模一部滅失したときは復旧にかなりの費用がかかる可能性があります。この場合、多額の費用が必要となる復旧に反対する区分所有者に対してまで負担を求めるのは酷なこともあります。そのため、賛成者に区分所有権と敷地利用権を時価で買い取ってもらい、復旧に賛成でない者に区分所有者の立場から外れる権利を与えるために、買取り請求権の制度があると考えてください。

　なお、買取り請求権を行使しない区分所有者は、復旧に反対の意思表示をした者も総会の決議には従う必要があります。

◇**買取り請求権に対してどのように対応するか**

　買取り請求権の話をすると、「管理組合で買い取ればよい」と考える人もいるかもしれません。しかしながら、買取り請求権は、特定の区分所有者もしくは区分所有者全員に対して行使するものであり、管理組合に対して行使するものではありません。

　また、管理組合に対して買取り請求権が行使される仕組みではないので、原則として管理費や修繕積立金を買取り代金に充てることもできません。

　そのため、対応策については次の2つの考え方のいずれかを検討

しておくべきでしょう。

> i 復旧の決議をする際に、買取り請求権を行使されたときの準備を
> しておくこと
> ii 買受け指定者を準備しておくこと

　区分所有法第 61 条第 8 項では、**復旧決議賛成者全員の合意で買取り請求権を行使されるべき者を指定したうえで、決議から 2 週間以内に決議に賛成をしなかった区分所有者に通知をすれば、その者に対してしか買取り請求権を行使することができなくなる旨の規定をおいています。**

　この規定を有効に使うためには ii の手続きが重要となるでしょう。

　すなわち、決議後 2 週間で賛成者全員が同意したうえで決議に賛成をしなかった区分所有者に知らせるためには、事前に周到に準備をしておくことが不可欠です。具体的には、大規模一部滅失の決議をする際には、買受け指定者となる者をあらかじめ準備したうえで、決議をするときはその者が買受け指定者になることを決議に賛成する区分所有者に対して周知しておくべきでしょう。

　このような準備を進めておけば、決議後に賛成者から速やかに同意を得て決議の非賛成者に対して通知をすることも可能となります。

　大規模一部滅失したマンションの復旧についての決議後に、買受け指定者の通知を行う方向で考えるときのフローについて、**図 4-4** に示します。もちろん、手続きの具体的な進め方が法律で定められているわけではないので、決議から 2 週間以内に確実に決議に賛成をしなかった区分所有者に意思表示が届くように段取りをしておけば、手続きフローはマンションごとに工夫して頂ければ良いと思います。

図 4-4　買受け指定者の通知

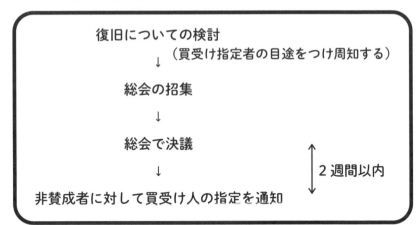

◇ **6 月以内に建替え決議も復旧決議もできないとき**

　買取り請求権について、もう 1 つ留意しなければいけないことがあります。それは建物が大規模一部滅失をしたときから 6 月以内に建替え決議も復旧の決議もできないときは、誰から誰に対しても買取り請求権ができるとする規定があることです。

図 4-5　一部滅失から 6 月以内に建替え決議等ができないとき

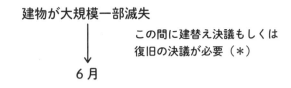

総会の議事録を作る際に注意が必要であること

　建物が大規模一部滅失をした時の復旧と建替え決議やマンション敷地売却決議の総会の議事録を作成するときに留意すべき点があります。それは、議事録において「各区分所有者の賛否」を記載する必要があることです。

　管理組合の通常の総会では、「賛成〇人、反対〇人、棄権〇人」と記載するだけですが、大規模一部滅失の復旧と建替え及びマンション敷地売却の決議をした総会の議事録では、それぞれの区分所有者が賛成だったか、非賛成だったかを記載しなければいけません（区分所有法第 61 条第 6 項）。

連絡がつかない区分所有者が
増える可能性があること

　この件については、この節の最初で述べているのでそちらをご参照ください。

▶規約が設定されていないときに総会はどうやって開催するか

多くのマンションでは規約が設定され、管理組合を設立してマンションを管理しています。この本でも、そうしたマンションをベースにして復興の手続きの進め方について述べていますが、仮に規約もなく、管理組合も組織化されていないマンションが被災したとき、復旧等の決議はどのようにして進めればよいのでしょうか。

　区分所有法第 34 条第 1 項では、「区分所有者集会の招集」について次のように規定しています。

「集会は管理者が招集する」

なお、管理者については区分所有法第 25 条で次のように定めています

> **区分所有法第 25 条**
> 区分所有者は、規約に別段の定めがない限り集会の決議によって、管理者を選任し、又は解任することができる。

多くのマンションでは、「理事長が区分所有法の管理者である」旨を規約で定めているので、管理者である理事長が管理組合の総会を招集しています。

一方で、数は少ないものの、規約が設定されていないマンションがありますし、規約があっても何らかの理由で規約が無効というケースもあります。このようなマンションで総会を開くときは、どうすべきでしょうか。

区分所有法第 34 条第 5 項では、管理者がいないときの総会の招集について次の様に規定しています。

> **区分所有法第 34 条第 5 項**
> 管理者がないときは、区分所有者の 5 分の 1 以上で議決権の 5 分の 1 以上を有するものは、集会を招集することができる。

つまり、規約がなく管理者も選任されていないマンションでは、区分所有者と議決権の 5 分の 1 以上の者が連名で集会（総会）の招集をすることになります。

もっとも、マンションの復興を進めるときは、これまでも述べてきたように、「復旧をするか、この際建替えるか」等の検討をすることが多くなりますし、仮に復旧を進めるときでも、区分所有者間で様々

な情報のやり取りなどは必要になるでしょう。こうしたことを考えると、マンションの復興を検討するに際して、まずは規約を設定し、管理組合を設立するところから進めても良いようにも思います。

　これらの点については、マンション管理士等の専門家に相談をして、対応するようにしてください。

▶建替えや売却の選択肢の検討について

前述のようにマンションが軽微損傷や小規模一部滅失をしたときでも、「建替え」や「売却」の方向に進むことがあります。そのためマンションの状態によっては、小規模滅失や軽微損傷のときでも、復旧等とともに建替え等の検討を並行して検討する選択肢についても視野にいれておくべきでしょう。

　具体的には、必要に応じて、**図 4-2** のフローの「管理組合の理事会等で対応を検討」のときに、復興の方向性についても並行して検討をすることもあります。このときには、必要に応じて説明会や意見交換会等も行うべきでしょう。

　なお、このような場面では、①「とりあえず復旧」の検討をして、うまくいかなかったら「建替え」等の検討をすることと、②復旧と建替えを並行して検討することの 2 つの選択肢がありますが、建替えや復旧の方向での検討の可能性が一定程度以上あるときは、並行して検討を進めるべきです。その理由は、法律の適用や公的な補助の制度の利用にも一定の期限があるためです（順番に検討を進めるようなことになると、利用できるはずだった制度が利用できなくなることも考えられます）。

建替えについて

▶建替え決議の手続き

マンションが被災したときには、被災の程度の如何にかかわらず建替えの検討を進めるケースがあります。また、被災マンション法の復旧や売却の手続きは、建替えの手続きに準じた内容になっているので、ここでは建替え決議の仕組みとその後の建替えの進め方について簡単に解説をします。

さて、建替え決議の手続きを大雑把にまとめると**図 4-6** のようになります。

図4-6　区分所有法に規定する建替えの仕組み

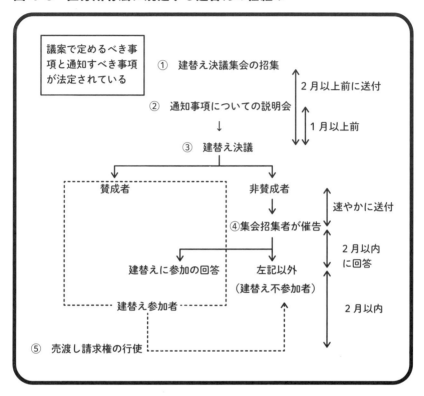

　図4-6の手続きについて、ポイントとなる点について説明をさせていただきます。

① 建替え決議を招集するときは、議案として定めるべき事項と通知すべき事項があります。なお、建替え決議の総会の招集通知は2月以上前に発送することが必要です。

◇議案として定めるべき事項

ⅰ　再建建物の設計の概要

ⅱ　建物の取壊し及び再建建物の建築に要する費用の概算額

ⅲ　ⅱの費用の分担に関する事項

ⅳ　再建建物の区分所有権の帰属に関する事項（再建建物の住戸を

誰が取得するか、その場合の費用の清算をどうするか）

◇議案において通知すべき事項

　ⅰ　建替えをする理由

　ⅱ　建替えをしなかったときに建物の効用の維持もしくは回復に要する費用の概算額とその内訳

　ⅲ　長期修繕計画が定められているときはその概要

　ⅳ　修繕積立金の額

② 建替え決議の総会の 1 月以上前に、通知事項についての説明会を開催することが必要です。

③ 建替えは、総会で区分所有者の頭数と議決権のそれぞれ 5 分の 4 以上で決議されます。

④ 建替え決議に賛成しなかった区分所有者（反対した区分所有者以外に、棄権した区分所有者等も含みます）に対して、建替え決議を招集した者が、「決議された建替えに参加を促す通知」（以下「催告」といいます）を送付します。催告が届いてから 2 月以内に建替えに「参加する」と回答した区分所有者は、建替え決議に賛成した区分所有者とともに建替え参加者になります。一方で、期間内に建替えに参加する旨の回答をしなかった区分所有者は建替えに参加しないことが確定します。

⑤ 建替えに参加する区分所有者もしくは建替え参加区分所有者全員が同意した買受け指定者は、催告の期間後 2 月以内に売渡し請求権を行使することができます。売渡し請求権の行使の意思表示が相手方に届いた時点で売買契約が成立したものとみなされます

▶建替え決議後の 建替えの進め方

区分所有法には前述のように、**建替え決議の手続きと決議に賛成をしなかった区分所有者に対する手続きしか規定されていません**。では、建替え決議をしたあと、実際に建替えを実現するためにどのような手続きで進めればよいのでしょうか。

建替え決議では、設計計画の概要や資金計画の概要等も定められていますが、あくまで「概要」に過ぎません。そのため、実際に建替えをするための工事に着手するまでに、少なくとも次のようなことが必要となります。

ⅰ	設計計画の確定
ⅱ	再建後のマンションのどの部屋を誰が取得するかの確定
ⅲ	再建後のマンションを取得せずに転出する人物の確定
ⅳ	建築確認の取得及びその他の行政協議
ⅴ	建替えるための資金計画の確定（資金調達を含む）
ⅵ	各区分所有者の抱える課題への対応
ⅶ	建設会社との工事請負契約
ⅷ	その他

なお、建替え決議までは管理組合で進めることはできますが、管理組合はマンションの管理をする団体であることから、その後の手続きを進めることはできません。そのため、建替え決議後に以上の様な手続きを経て建替えを進めるには、建替え参加者全員が契約により進める手法と、マンションの建替え等の円滑化に関する法律（以下「円滑化法」といいます）の手続きで進める手法のいずれかによることになります（**図4-7**参照）。

図 4-7　建替え決議後の建替えの進め方

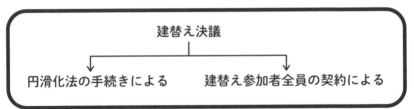

◇**建替え参加者全員の契約により進める場合**

　管理組合は、マンションを管理するための組織です。そのため、建替え決議までは管理組合の手続きで進めることはできますが、決議後の建替えを進める手続きはマンション管理には関係しない業務となりますので、管理組合で進める業務ではありません。

　そのため、円滑化法の組合施行方式で建替えを進めるときは「マンション建替組合」（以下「建替組合」といいます）が建替えを進める組織となりますが、建替え参加者全員の契約により建替えを進めるときも、本来は、任意の検討組織を設立して建替えを進めるべきです。もっとも、円滑化法の手続きによらないで建替えを進めるケースでは、不動産開発業者等やコンサルタントが主導しながら、建替え参加者全員と不動産開発会社等との間で等価交換契約をしたうえで建替えを進めることが多くなっています。

　なお、円滑化法の手続きを使わず、また不動産開発業者等を入れないで建替えを進めようとすると、例えば設計事務所との設計業務委託契約や、建築工事の発注等、全ての手続きは建替え参加者全員が、設計事務所や建設会社と契約をすることになります。このようなケースでは、建替え参加者全員で最初にルールを決めて任意の組合を設立して手続きを進めるべきでしょう。

◇**円滑化法の手続きによるとき**

　円滑化法の手続きで建替えを進める手法としては、次の２つの手

法があります（**図 4-8** 参照）

図 4-8　円滑化法による建替えの進め方

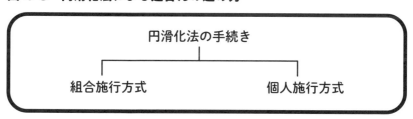

「組合施行方式」とは、建替え参加者らで市長等の認可を受けて建替組合を設立して、建替組合が主体となって建替えを進める手法です。多くの場合、不動産開発業者が参加組合員として建替組合の一員となりますが、資金計画等の問題が解決できるのであれば、参加組合員なしで建替えを進めることも可能です。

一方、「個人施行方式」とはマンションの区分所有者全員で不動産開発業者等の個人施行者を選定して、その個人施行者が主体となって建替えを進める手法です。

このうち、組合施行方式で建替えを進めるケースがほとんどですので、ここでは、組合施行方式について概略の説明をさせていただきます。

手続きの概略については、**図 4-9** のようになります。

図 4-9

建替え参加者の 5 人
以上が定款と事業計
画を定め、3 ／ 4 以
上の同意を得る

建替え決議
↓
組合設立認可申請①
↓
組合設立認可公告②
↓
第一回総会
↓
権利変換計画案の作成
↓
権利変換計画の決議③
↓
権利変換計画の認可申請
↓
権利変換計画の認可④
↓
権利変換期日⑤
↓
着　　　工

認可公告後 30 日以
内に第一回総会を開
催。また権利変換を
受けない旨の申出等

総会で 4 ／ 5 決議が
必要

権利変換期日に、従
前の権利が消え、建
替え後のマンション
の権利が発生する

組合設立認可申請

建替え決議後に建替え参加者の中の 5 人以上が定款と事業計画を定めて、建替え参加者の 4 分の 3 以上の同意を得たうえで市長等に「建替組合」の設立認可申請を提出します。

組合設立認可公告

市長等は、組合設立認可申請が提出されると申請された内容が法令に基づいているか否かをチェックします。また、事業計画は 2 週間公衆の縦覧に供する必要があり、縦覧の期間が終了後 2 週間以内に意見書が出た場合には、その意見書を採用すべきか否かを検討します。

意見書がでなかったときや意見書が出されたものの示された意見を採用しないときは、組合の設立認可を認可し、認可公告をします。なお、組合の設立認可公告から 30 日を経過した時点がマンションの評価基準日になるとともに、マンション建替組合員のなかで再建後のマンション（「施行再建マンション」といいます）の取得を希望しない者は、この期間内にその旨の申出を組合にすることになります。

さらに、第一回総会も設立認可公告から 30 日以内に行う必要があります。

権利変換計画の決議

施行再建マンションの設計が確定し、各組合員が取得住戸を確定すると、権利変換計画の案を作成します。権利変換計画は、再建後のマンション（以下「施行再建マンション」といいます）の設計計画等に加えて、各組合員の建替え前のマンション（「施行マンション」といいます）の評価と、施行再建マンションを再取得する場合にはその評価や施行マンションとの差額等を記載したものですが、建替組合の総

会でこの権利変換計画について議決権と施行マンションの床面積の各5分の4以上で決議をします。

権利変換計画の認可

　権利変換計画の内容が法律に適合しているときは市長等の認可によって、権利変換期日に施行マンションの権利は消滅し、施行再建マンションの権利が発生します。

　なお、権利変換計画の認可申請を提出するときは、区分所有者以外の権利者（抵当権者や借家人等）の同意が必要となります。

権利変換期日

　権利変換計画の認可が下りると、権利変換期日に施行マンションの権利が消滅し、施行再建マンションの権利が生じます。このあとは建物の明渡しを受けて、施行マンションの解体工事に入ります。

　このように、組合施行方式で建替えをするときは、マンション建替組合の特別多数決議と市長等の認可により建替えを進めることが可能となります。すなわち、建替え参加者全員と契約をしなくても、建替えを進めることができることになります。

　ただし、手続きについては法律で定められているので、それらを踏まえて建替え計画を進める必要があることに注意が必要ですし、ここでの説明は割愛しますが、時間的な制約もあるので、具体的には、国土交通省が公表しているマンション建替えマニュアルや、これらについて解説した文献等をご参照ください（注4-7）

注4-7　筆者が関係しているものでは、下記の本があります

大木祐悟、重水丈人著『マンション建替えのすすめ方』（プログレス 2022年）

被災マンション法の適用（建物が全部滅失したとき等）

▶マンションが全部滅失するとどうなるか

区分所有法は区分所有建物（マンションも区分所有建物の一部）の管理や復旧や建替えについて規定した法律です。この法律の定めによって、区分所有者は、規約を設定し、管理組合をつくることもできますが、**区分所有建物が全部滅失すると、区分所有法は適用されなくなります**。

図 4-10　建物が全部滅失したときのイメージ

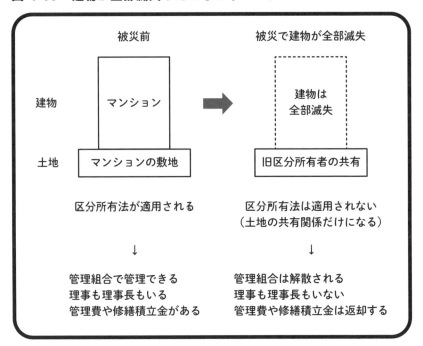

図 4-10 で示すように、**建物が全部滅失すると管理組合は解散し、結果として理事も理事長もいなくなりますし、管理費や修繕積立金も区分所有者だった人たちに返金することになります。つまり、マンションの再建等を進める組織がなくなり、理事長もいなくなり、検討する予算もなくなることになります。**

図 4-11　建物が全部一部滅失した状況のまとめ

そのほか、区分所有法の手続きで物事を進めることもできなくなります。それでは、管理組合もなく、理事長もなく、予算もない中で、マンションの復興はどのようにして進めればよいのでしょうか。

▶全部滅失したマンションの 再建等はどうやって進めるか

全部滅失したマンションの再建を進めるときは、政令で定める災害であるときは被災マンション法の手続きで「再建」や「売却」を進めることが可能となります。

　逆に被災マンション法による政令の指定がないときは、民法の規定で復興を進めることになります。具体的には、敷地共有者全員の同意がないと再建をすることも売却をすることもできませんし、そもそも同意をとるための手続きもすべて任意の手続きとなります。

　また、被災マンション法の手続きについては、後述しますが、この場合でも、再建や売却の決議後の手続きについては規定が置かれていないため、その後の手続きは任意の手続きで進めることになります。

　では、任意の手続きによる進め方にはどのようなものがあるのでしょうか？

　具体的には、次のような手法が考えられます

① 敷地共有者（元区分所有者を意味します）全員で民法上の組合を作り、その組合が主導して進める

② 敷地共有者の大部分で民法上の組合を作り、その組合が主導して進める

③ 特定の敷地共有者がリードして進める

　ここでいうところの「敷地共有者」とは、区分所有者だった者を示します。建物が全部滅失してしまったら、区分所有者ではなくなるので、ここでは「敷地共有者」と表現させていただきます。また、「民

法上の組合」とは、具体的には「再建組合」とか「売却検討組合」等になるでしょう。

　このうち、望ましいのは①の手法ですが、敷地共有者の数が少ない場合を除くと、現実には困難なことが多いと思います。そうなると次善の考え方としては、②の手法でしょうか。

　圧倒的多数の敷地共有者の意向を反映して進めながら、組合に参加しない敷地共有者ともコンタクトを取って再建や売却の検討を進める手法です。もっとも、最初からたくさんの敷地共有者の参加を求めることが難しいことも考えられます。

　①や②の手法によることが困難なときは、元の理事長等が中心となり③の形で徐々に参加者を増やしながら②や①の方向を目指せばよいと思います。

　なお、マンション内で防災組織があるときは、防災組織のメンバーが中心になって復興を進めることも考えられます。

▶被災マンション法の適用があるとき

　被災マンション法は、もともとは、災害で建物が全部滅失をしたときに建物の再建をするために作られた法律です。なお、東日本大震災を経て、再建だけでなく、敷地の売却についての決議の規定のほか、大規模一部滅失したマンションについての売却等の規定及び団地の棟が被災したときの再建についての規定が追加されています。

　ただし、**被災マンション法は、「政令で指定された災害により建物が全部滅失したときと大規模一部滅失したとき」に適用される規定**ですから、仮に災害でマンションが全部滅失したとしても、その災害が政令で指定されないとこの法律の適用を受けることはできません。

　そのほかの留意点として、被災マンション法の適用期限の問題があります。建物が全部滅失したときは、政令の指定の日から３年間は

被災マンション法が適用されますが、それを超えると被災マンション法の手続きを利用することができなくなります。

　すなわち、民法の手続きで復興を進めることになるので、敷地共有者全員の同意がないと、再建も売却もできなくなることに注意が必要です（一部滅失したときは、政令の指定から1年が適用期限です）。

◇政令の指定について

　大きな災害が発生すると「激甚災害の指定」を受けることがありますが、被災マンション法による政令の指定は、この激甚災害の指定ではありません。被災マンション法第2条の災害としての指定する旨の政令のことであり、以下に東日本大震災のときに公布された文書の写しを掲載していますのでご参照ください。

　なお、東日本大震災と熊本地震における政令の指定日は次のとおりです。

東日本大震災	平成25年7月31日に公布・施行
熊本地震	平成28年10月5日に公布・施行

東日本大震災における、被災マンション法の政令の指定の文書

政令第231号

　被災区分所有建物の再建等に関する特別措置法第2条の災害を定める政令

　内閣は、被災区分所有建物の再建等に関する特別措置法（平成7年法律第43号）第2条の規定に基づき、この政令を制定する。

　被災区分所有建物の再建等に関する特別措置法第2条の災害として、東日本大震災（平成23年3月11日に発生した東北地方太平洋沖地震及びこれに伴う原子力発電所の事故による災害をいう。）を定める。

　　附　則

　この制令は、交付の日から施行する。

参考：政令の指定による災害で建物全部滅失したときの被災マンション法のポイント

次に示すような規定があります。

a　敷地共有者等（区分所有者だったもの）集会の規定

b　管理者の指定についての規定

c　再建決議について

d　敷地売却決議について

e　共有物分割の禁止期間

f　なお、被災マンション法の規定が利用できるのは、政令の指定から3年間とされる

被災マンション法の再建決議及び敷地売却決議と、建替え決議の手続きについて比較

表4-8 に示すように、基本は建替え決議の手続きに準じています。ただし、被災マンション法の再建決議や敷地売却決議については、その後は円滑化法の手続きを利用することができないことに注意が必要です（再建参加者もしくは敷地売却参加者全員の同意により手続きを進めることになります）。

表 4-8

	建替え決議	再建決議	敷地売却決議
招集者	管理者（＊）、管理者がいないときは区分所有者と議決権の1／5以上	管理者、管理者がいないときは敷地共有者の土地持分価格の1／5以上	

議案	① 再建建物の設計の概要 ② 建物の取壊し及び再建建物の建築に要する費用の概算額等 ③ ②の費用の分担に関する事項 ④ 再建建物の区分所有権の帰属に関する事項	① 再建建物の設計の概要 ② 再建建物の建築に要する費用の概算額等 ③ ②の費用の分担に関する事項 ④ 再建建物の区分所有権の帰属に関する事項	① 売却の相手となるべき者の氏名又は名称 ② 売却による代金の見込み額
通知事項	本書第4章162頁参照	再建を必要とする理由	敷地売却を必要とする理由
招集時期	集会の2月以上前		
説明会	集会の1月以上前		
議決要件	区分所有者と議決権の各4／5	敷地共有者等の敷地共有持分価格の4／5以上	
非賛成者への手続き	催告及び売渡し請求		
決議後の進め方	円滑化法による手続きと建替え参加者全員の同意による手続きがある。	再建（或いは敷地売却）参加者全員の同意による手続きのみ（円滑化法による手続きは利用できない）	

＊管理組合があるマンションでは理事長が総会の招集をすることがほとんどですが、この場合は規約で理事長が「区分所有法の管理者である」ことが定められています。

参考：共有物分割の制限について

　マンションが全部滅失すると、土地の共有関係が残りますが、この状態になると厄介な問題があります。それは、民法上は「共有者はいつでも共有物の分割を請求することができる」とされていることです（民法第256条）。例えば、再建の決議や敷地売却決議がされたあとに、共有物分割をされると、決議された再建も敷地売却ができなくなる可能性が高くなります。

参考：共有物の分割請求がされたときのイメージ

図4-12

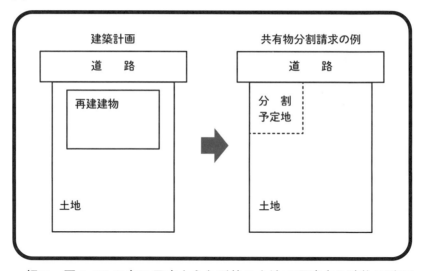

　仮に、**図4-12**の左に示すような形状の土地で再建する建物の計画をしているときに右に示すような共有物分割請求をされると、そもそも計画中の再建建物を建築することが困難になります。

　また、再建でなく敷地売却を目指すときでも、右のような形状で共有物分割をしてしまうと土地の価値が下がる可能性もあります。

　以上の理由から、被災マンション法では、政令で定めた災害により

建物が全部滅失したときは、政令の指定の日から1月経過した日から、**政令の指定の日から3年が経過するまでの間は共有物の分割が制限される**旨を規定しています。

図 4-13　被災マンション法の適用による共有物分割の制限期間

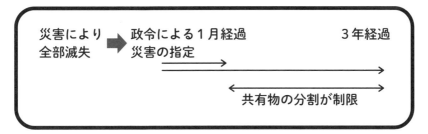

建物が大規模一部滅失したときの
被災マンション法による手続き

　建物が大規模一部滅失をしたときの復旧や建替えは、区分所有法の手続きで進めることになります。一方で、政令で定める災害の際は被災マンション法の手続きにより復旧や建替えでなく、「敷地の売却」を選択することも可能になります。具体的には次の3つのメニューが用意されています。

a　建物敷地売却決議

b　建物取壊し敷地売却決議

c　建物取壊し決議

　このうち、建物敷地売却決議は、被災した建物と敷地を売却する決議であり、建物取壊し敷地売却決議は、区分所有者の側で建物を解体したうえで敷地を売却する決議です。前者の場合は建物の解体は購入した者が行うのに対して、後者は区分所有者の側で行うことになります。

　どちらで進めるかは、マンションごとに決めればよいことですが、例えば公費解体を使うことができるときは、建物取壊し敷地売却決議

を採用することになるでしょう。公費解体で建物が解体できるわけですから、建物の解体費用相当が区分所有者の側に有利になるためです（注 4-8）。

　次に建物取壊し決議ですが、一部滅失したマンションを建替えるか売却して換金するかについての合意形成の目途が立たないようなときで、公費解体の申告期限は迫っているような場合に選択する手法となるでしょう。

注 4-8　公費解体については、適用があるか否かは地方自治体に確認をする必要があります。なお、適用可能な場合でも、申請の期限や条件等についても併せて確認をしておくべきでしょう。例えば熊本地震では、政令の指定から 1 年以内に公費解体の申込みをすることを求められましたが、そのためにはかなり迅速に手続きを進めることが不可欠です。

なお、公費解体の適用対象は、地上部分の建物に過ぎません。そのため、地下室や杭の撤去は各マンションで対応することが必要なことにも注意をしてください。

　建物敷地売却決議・建物取壊し敷地売却決議・建物取壊し決議についての概要は、**表 4-9** に示すとおりです。

表 4-9　被災マンション法における大規模一部滅失時の選択肢

	建物敷地売却決議	建物取壊し敷地売却決議	建物取壊し決議
招集者	管理者、管理者がいないときは敷地共有者の土地持分価格の 1 ／ 5 以上（建替え決議の場合と同じ）		
議案	①売却の相手方となるべき者の氏名又は名称 ②売却による代金の見込み額	①区分所有建物の取壊しに要する費用の概算額 ②取壊しに要する費用の分担に関する事項	①区分所有建物の取壊しに要する費用の概算額 ②取壊しに要する費用の分担に関する事項

議案	③売却によって区分所有者が取得することができる金銭の額の算定方法に関する事項	③売却の相手方となるべき者の氏名又は名称 ④売却による代金の見込み額	
通知事項	①売却を必要とする理由 ②復旧または建替えをしない理由 ②復旧に要する費用の概算額	①区分所有建物の取壊し及びこれに係る建物の敷地売却を必要とする理由 ②復旧または建替えをしない理由 ③復旧に要する費用の概算額	①取壊しを必要とする理由 ②復旧または建替えをしない理由 ⑤復旧に要する費用の概算額
招集時期	集会の2月以上前		
説明会	集会の1月以上前		
議決要件	区分所有者、議決権および敷地利用権の持分価格の各4／5以上		区分所有者、議決権の各4／5以上
非賛成者への手続き	催告及び売渡し請求		
決議後の進め方	再建（或いは敷地売却）参加者全員の同意による手続きのみ（円滑化法による手続きは利用できない）		

　建物が一部滅失したときは、マンションは存在するので、管理組合が設立されているマンションでは、管理組合の総会の招集でこれらの決議を進めることができます。ただし、決議後の手続きは円滑化法を利用することができないことに注意が必要です。

　なお、**大規模一部滅失したマンションについて被災マンション法の適用は、政令の指定から1年以内**となりますので、その間に決議まで進めることが不可欠となります。

◇区分所有法第61条第12項の買取り請求権の適用期限

　また、マンションが大規模一部滅失したときは、滅失したときから6月以内に復旧もしくは建替え決議がされないと、誰から誰に対しても買取り請求権を行使できるようになります（**図4-5**参照）が、政令の指定による災害で大規模一部滅失したマンションについては、この期間が、政令の指定から1年以内となります（**図4-14**）。

　例えば、熊本地震の場合は政令の指定は平成28年10月5日に政令の指定がされているので、平成29年10月4日を過ぎると区分所有法第61条第12項の買取り請求権が行使できるようになっていました。

図4-14　区分所有法第61条12項による買取り請求権の行使

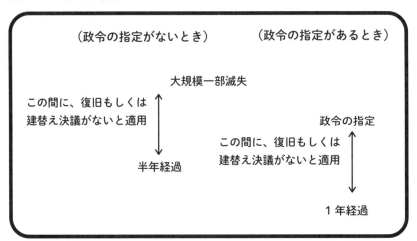

◇建物取壊し決議について

　建物取壊し決議により建物を取り壊すと、土地の共有関係だけが残るので、**建物が全部滅失したときと同じ状況**になります。そのため、

建物除却後は、全部滅失したときと同じ手続きで再建もしくは敷地売却をすることが可能となります。

　建物取壊し決議が定められている理由は、建物の復旧ではなく建替えか売却を進めることについては区分所有者の大勢の同意はとれているものの、政令の指定から1年では具体的な計画を定めることができないマンションがあることです。このようなときは、公費解体を進めるために建物取壊し決議をする選択肢も必要です。

建物取壊し決議についての留意点

　建物を取り壊してしまうと、全部滅失した時と同じ状態になるので、管理組合は解散することになります。そのため、政令の指定から3年以内に再建、或いは売却の決議ができればよいのですが、その間にこれらの決議が終わらないと、その後の手続きは、敷地共有者全員の同意でないと対応ができなくなります。

　大規模一部滅失した状態でも、建物が存在すれば管理組合で復興の手続きを進めることはできるので、安易に建物取壊し決議を進めることがないように注意すべきでしょう。

▶建物が全部滅失したときの復旧における留意点

　建物が全部滅失すると管理組合という組織も、理事や理事長といった組織のリーダーもなくなりますし、管理費や修繕積立金も各自に返却されるので予算もなくなります。しかしながら、組織もリーダーも予算もない状態では再建の計画を進めることもできませんし、売却の検討もすることができません。

　被災マンション法では、管理者や敷地共有者等集会の制度は設けて

いますが、管理者は再建や敷地売却を決議するための敷地共有者等集会の招集をすることができるだけですし、その集会で決議することができるのは再建もしくは敷地売却だけです。そうなると、実務上は管理組合の理事や理事長らが音頭をとって任意の団体を作り、その団体が再建や敷地売却の検討を進めることになるのだろうと思います。

　また、旧管理組合の清算の総会を経て、管理費や修繕積立金を敷地共有者等に返却をするときに、返却する金額の一部（可能であれば全部）を再建や敷地売却の検討費用として改めて拠出してもらうことも必要でしょう。

参考：

　東日本大震災の際に被災マンションの復興支援に尽力したマンション管理士らが、売却決議後に、一般社団法人を設立して、その後の手続きを進める手法について提唱しています。詳しくは下記の本をご参照下さい。

萩原孝次、高橋悦子、小杉学著『被災マンションの建物取壊しと、敷地売却マニュアル』（民事法研究会　2021 年）

マンションの復旧の際に検討すべき制度

▶公的な支援

マンションが被災したときに期待することができる公的な支援としては次のようなものを挙げることができます。

金銭的な支援

- 被災者生活支援金（建物が大規模半壊以上の場合に適用）
- 被災住宅の応急修理制度（建物が半壊もしくは大規模半壊したときに適用）
- 家族が亡くなったときの弔慰金

その他住まいに関して確認すべき事項

- 大規模半壊以上の建物についての公費解体の可否
- 建替えを進める場合の補助金（優良建築物整備事業等）の有無
- 建物の再建等に係る融資の金利の補助の有無
- 仮設住宅や災害公営住宅等の提供
- その他

▶管理組合として行うべきこと

被災マンションの復興について、管理組合として行うべきことは多いのですが、「公的な支援」にかかるものとしては次のようなものをあげることができます。

> ①　罹災証明の申請
> ②　公費解体等公的な支援についての情報収集

そのほか、公的な支援ではありませんが、共用部分の地震保険に加入しているときは、保険会社との手続き等も必要不可欠な手続きとなります。

▶区分所有者個人が行うべきこと

公的な支援について、以下のような手続きは管理組合で行うことはできません。それぞれ区分所有者個人で対応することが必要となります。

> ①　被災者生活支援金の申請（**表 4-10** を参照）
> ②　被災住宅の応急修理制度の申請（マンションでこの制度を利用することはほとんどないと思われます）
> ③　家族に亡くなった方がいるときの災害弔慰金の申請

表 4-10　被災者生活支援金
　　　　　（建物が大規模半壊以上の場合に適用される）

区分	基礎支援金	加算額		合計
		住宅再建の方法	金額	
全壊	100 万円	建設・購入	200 万円	300 万円
		補修	100 万円	200 万円
		賃借	50 万円	150 万円
大規模半壊	50 万円	建設・購入	200 万円	250 万円
		補修	100 万円	150 万円
		賃貸	50 万円	100 万円

＊申請は各区分所有者が、市区に申請をすることになります（期限もあるので注意してください。管理組合では申請はできません）。

＊基礎支援金は罹災証明の状況で各自が申請して受領できますが、加算金については契約が終わったあとに申請をすることになります（必要に応じて市区に確認してください）。

被災住宅の応急修理制度（災害のため住宅が半壊もしくは大規模半壊したときで、そのままでは住めないが応急修理により居住可能になるとき）の申請

　基準額は 567,000 円以内（平成 27 年基準）で、補修の範囲は屋根・床・壁等となります。なお、この制度はマンションでの適用は困難かもしれません。また、大規模半壊の場合は特に所得制限はありませんが、半壊の場合は適用を受けるには所得制限もあるので注意してください。

家族に亡くなった方がいるときの
災害弔慰金の申請

　一定規模以上の災害で、家族に亡くなった方がいるときは、市区から「災害弔慰金」の支給を受けることができる仕組みがあります。

- ●生計維持者死亡のとき　　　500万円
- ●その他の者の死亡のとき　　250万円

被災マンションの復旧の手続きから見たマンション防災

▶考えなければいけないこと

マンションが被災したときに復興を考えるうえで重要なこととして次のような点を挙げることができます。

i 資金負担の可否
ii スピード
iii 管理組合の活動の適正化と規約の整備
iv 万が一の場合に備えた準備

資金負担

このうち、資金負担については、修繕積立金を拡充しておくことのほか、地震保険に加入することも検討しておくべきでしょう。地震保険は共用部分について管理組合が加入する者以外に、区分所有者個人が家財にかけるものもあります。

スピード

マンションが被災したときは、「復興を迅速に進めること」はとても重要な要素となります。その理由はマンションが被災したときに受けることができるサービスのほか、被災マンション法の手続きで復興を進めるようなときも期間的な制約があるためです。

例）

　公費解体の申込み

　その他の制度の利用

　被災マンション法の適用期間

　　・全部滅失の場合は政令の指定から３年

　　・大規模一部滅失の場合は政令の指定から１年

　被害規模が大きな災害の場合は、建物の再建とともに生活の再建が必要となる可能性もありますが、そうした制約の中で迅速に再建を進めるには、日ごろから防災訓練を定期的に行うことはもとより、そもそもマンション管理を適切に行っていることが重要であることをあらためて確認させていただきます。

管理組合の活動の適正化と規約の整備

　日ごろから管理組合活動が適切にできているか否かは、災害のような危急時の復興のときに大きな差になって表れてきます。例えば、次のような点は重要と思われます。

　ⅰ　区分所有者の管理組合への参加意識を高めること

　ⅱ　管理組合が区分所有者の危急時の連絡先を把握していること

　ⅲ　修繕積立金を潤沢に積み立てること

　ⅳ　防災委員の選定や災害対策マニュアルの整備等、日ごろから防災活動に心掛けること

　ⅴ　災害時に対応できる規約の整備をすること

▶万が一の場合に備えた準備

これまでも述べているようなことに加えて、次のような準備もしておくべきでしょう

i 名簿や図面のバックアップ
ii SNS 等での区分所有者のグループ化
iii 被災時のルーティーンの明確化

名簿や図面のバックアップ

マンションが被災したときは、組合員との連絡をするうえでは名簿は重要ですし、建物の復旧をするときは図面も必要です。ところが災害等により、これらの書類を紛失する、あるいは破損して判別がつかなくなるようなことも考えられます。

このようなことを考えると、名簿や図面等についてはバックアップをしておくことも重要ではないでしょうか。

もっとも、名簿は個人情報でもあるので、取扱いには注意が必要であることは言うまでもありません。

SNS 等での区分所有者のグループ化

SNS や交流を目的としたアプリ等で区分所有者のグループ化をできれば、災害時の連絡等も行いやすくなります。高齢者を中心に、スマホを持っていない人もいますし、操作が苦手な人もいることに加え、こうしたことを嫌う区分所有者もいると思いますので強制はできませんが、災害時には有効なツールと思われますので、検討をしてもよいのではないでしょうか。

被災時のルーティーンの明確化

　マニュアルを整備するときに、被災初期の活動については、ある程度ルーティーンを定めておくことも検討しておくべきでしょう。例えば、被災時したときの管理組合の役員等が、マニュアル等の内容を十分に理解していないことも考えられるので、初動期に行うべき行動を1枚の紙にまとめて、管理室等に掲示しておくようなことも必要だと思います。

　この点については、第3章「管理組合として事前の準備をしている事例」の中の「ブラウシアで行っていること」（126頁）も参考になります。

第**5**章

団地内の建物が被害をうけた場合の復旧

団地の棟が被災した ときの対応の基本

▶はじめに～団地についての 基本を理解しよう～

これまでは単棟型のマンションが被災したときの復興の手続きについてお話をしてきました。

ところで、世の中には複数の棟で構成されるマンションがありますが、区分所有法では2棟以上で敷地等を共有するものを「団地」と呼んでいます（注5-1）。団地型のマンションが被災をしたときの復旧の基本はこれまでの話と変わりませんが、一方で単棟型のマンションとは権利形態が一部違う部分があるため復旧の手続きを進める際にも注意すべきことがあります。

そのため、ここでは最初に、団地の権利関係について説明をしたうえで、復興の手続きについて考えることとします。

注5-1　一般に団地というと、多くの棟で構成されている公社公団の団地を想像するも多いと思いますが、2棟で構成される団地もあります。また、一戸建て住宅で構成される団地もありますが、本書では、各棟は区分所有建物で構成される団地をベースにしてお話を進めさせていただきます。

▶団地の権利関係について

団地の権利関係は複雑です。例えば図5-1は、X棟（区分所有者はa・b・c・d・e）とY棟（区分所有者はf・g・h・i・j）で構成される団地（土地はa・b・c・d・e・f・g・h・i・j全員の共有）を想定しています。

このケースでは、権利関係は次のようになっています。

> ⅰ．X棟の廊下等の共用部分と建物の構造はa・b・c・d・eの共有物
> ⅱ．Y棟の廊下等の共用部分と建物の構造はf・g・h・i・jの共有物
> ⅲ．土地はa・b・c・d・e・f・g・h・i・jの共有物

　つまり団地は「棟」と「土地」等により二重の共有関係になっている不動産ということになります。そして、このことが団地内の建物が被災したときの復興を考えるときの手続きがわかりにくくなる原因となっています。

　以下、土地を共有する団地（土地共有団地）を前提として説明します。

図 5-1

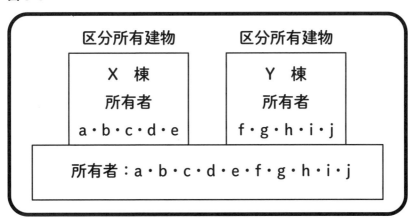

　団地内の建物が被災したときの復興について理解するには、団地の管理の問題と団地の規約についての理解が不可欠ですので、まずはこれらの点について解説をさせていただきます。

団地は誰が管理するか

図 5-1 に示す団地は、原則として次のような形で管理をします。

i　　X 棟：棟の区分所有者（a・b・c・d・e）が管理

ii　　Y 棟：棟の区分所有者（f・g・h・i・j）が管理

iii　土地：団地建物所有者（a・b・c・d・e・f・g・h・i・j）が管理

　ところで、団地管理組合の規約で団地管理組合が各棟を管理することを定めることができます（この定めがある規約を「68 条規約」といいます。すなわち、68 条規約が定められている団地では、団地管理組合が全体共有物の土地だけでなく各棟も管理しています（現実には多くの団地が、68 条規約により団地管理組合が各棟を管理しています）。

団地の管理についてのまとめ

i　　団地管理組合で管理をするのは土地及び団地建物所有者全員で共有する共有物のみであり、棟は各棟で管理することが原則である

ii　　68 条規約が設定されているときは団地管理組合が棟も管理する（現実にはこの形態の団地はかなり多い状況である）

▶団地の中の各棟が被災したときの注意点

6 8 条規約が設定されていない、上記 i の団地では、棟が被災したときはそれぞれの棟の所有者で修繕や復旧をすることになります。棟の管理は棟の区分所有者でするわけですから、当然のこと

ですが、実は、**68条規約が設定されている上記iiの団地においても、災害により団地内の棟が被災したときの補修は、軽微損傷は団地管理組合で対応すべき事項なのですが、棟が一部滅失したときの復旧のほか、棟が全部滅失したときの棟の再建も棟の区分所有者で対応すべき事項である**ことに注意が必要です（なお、棟の再建を承認するときは団地建物所有者等でその承認を行いますし、団地全体の再建及び建替えについては団地で対応することになります）。

表5-1をご覧ください。

表 5-1　68条規約が設定された団地の被害区分と復旧等の主体

被害の区分	復旧等の主体
軽微損傷	団地建物所有者集会で修繕を決議し対応する
小規模一部滅失	復旧は棟集会で決議して棟で対応する
大規模一部滅失	復旧は棟集会で決議して棟で対応する
建替え	棟の建替えや再建は棟集会で決議し棟の区分所有者で建替えを行うが、団地建物所有者集会で承認の決議が必要となる 一括建替え等決議は団地建物所有者集会で決議する

表で示すように、小規模一部滅失や大規模一部滅失の復旧や、棟の建替えはそれぞれの棟で対応することになります。

なお、このようなことを考えると、**団地管理組合では修繕積立金を団地修繕積立金と棟修繕積立金に分けておくことが必要**です。例えば国土交通省が公表している標準管理規約（団地型）では、修繕積立金を団地と棟に分類していますし、棟集会の規定も設けています。

　このようなことを考えると、棟修繕積立金の仕組みがない団地では、この点について検討されることをお勧めします（注 5-2）。

　復旧等の手続きは第 4 章をご参照ください。

　注 5-2　標準管理規約の団地型では、修繕積立金については、団地修繕積立金と棟修繕積立金の仕組みを採用しています。

棟が一部滅失をしたときに団地管理組合で復旧ができない理由

　これまでも述べてきたように、土地共有団地で団地管理組合が管理すべきものは土地等、団地建物所有者全員の共有物であり、棟はそれぞれの棟の区分所有者の所有物ですから、原則として棟の区分所有者で管理すべきものです。ただし、区分所有法第 68 条の手続きにより規約が制定されれば、団地管理組合が棟の管理をすることは可能となるのですが、区分所有法第 66 条で規定されていない事項については、68 条規約が設定されていても団地管理組合が対応することはできません。

　例えば、区分所有法第 57 条から 60 条までに規定されている「義務違反者に対する措置」や、61 条、62 条等は 66 条で団地管理組合において準用されていません。そのため、これらの事項については棟の区分所有者で対応する必要があることになります。

団地の棟の一部が全部滅失したとき

▶この場合の問題点

前 節で述べたように、区分所有法により**土地共有団地を管理する**
ときは、団地建物所有者全員で土地を共有することが大前提と
なります。そこで、災害により土地共有団地内の1棟が全部滅失し
た状況を考えてみましょう。

図 5-2

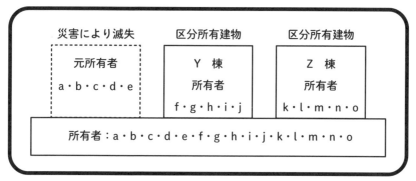

X棟、Y棟、Z棟の3棟で構成される団地管理組合を構成している
団地で、災害によってX棟が全部滅失してしまったときは、a・b・c・
d・eは土地の共有者ではあるものの団地建物所有者ではなくなるため、
「団地建物所有者全員で土地を共有していない状態」となります。

つまり、**X棟が全部滅失した時点で団地関係が消滅するために、団**
地管理組合もなくなることになります。

ところで、このようなときにa・b・c・d・eが全部滅失したX棟
を再建したいと考えたときはどうすればよいでしょうか。

　この場合、a・b・c・d・eは政令で指定された災害であれば、被災マンション法の手続きでX棟の再建決議をすることは可能です。ただし、土地はaからoまで15人で共有しているので、その共有地のなかで建物を再建するのだとすれば共有者の承認が必要となります。

　では、その承認の手続きはどうすればよいのでしょうか。

　被災マンション法では、政令で定められた災害により団地内の建物が滅失した場合の再建や売却について規定していますが、これらについて理解するには、区分所有法の団地の建替え（被災時ではなく、通常時の建替え）の仕組みを理解することが必要です。そこで、まずはこの点について簡単に説明をさせていただきます。

▶団地の建替えの仕組みについて

図 5-3に示すX・Y・Zの3棟で構成される土地共有団地の建替えについて考えてみましょう。

図 5-3

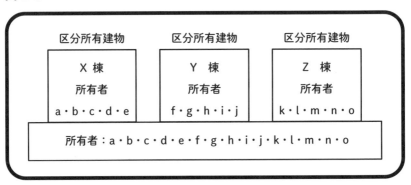

ⅰ　3棟の中の1棟（例えばX棟）のみを建替えるケース

ⅱ　3棟の中の2棟（例えばX棟とY棟）を建替えるが他は建替えな
　　いケース

ⅲ　団地全体を建替えるケース

　このうち、ⅰとⅱの場合は、団地内で建替えをする棟と建替えをし
ない棟があるため、棟の建替え決議のあとに、団地管理組合で建替え
の承認をすることが必要になります。つまり、次に示すような状態に
なります。

ⅰの場合…X棟は建替えるが、Y棟とZ棟は建替えない

ⅱの場合…X棟とY棟は建替えるが、Z棟は建替えない

　この「団地管理組合の承認」については、団地管理組合の総会で決
議することができることが区分所有法第69条で規定されています。
　またⅲについては、区分所有法第70条に団地一括建替え決議の仕
組みが置かれています。これらの概要は、**表5-2**に示すとおりです。

表5-2　団地の建替え決議の仕組み

	ⅰおよびⅱの承認	ⅲの場合
決議をするための要件	①一団地内にある数棟の建物の全部又は一部が区分所有建物であること ②団地建物所有者で土地を共有していること	①団地内のすべての建物が区分所有建物であること ②左記と同様

決議をするための要件	＊なお、建替えをする棟ごとに建替え決議をする必要がある（ⅱの場合はそれぞれの建替え決議の際に、一括して建替え承認決議に付すことを決議する）	③団地管理規約で団地管理組合各棟の管理をすることが定められていること
集会の招集通知の議案で定めるべき事項	議案の要領のほか新たに建築する建物の設計の概要（新たに建築する建物の団地内における位置を含む）も示す	議案として定めるべき事項は次のとおり ①再建団地内敷地の一体的な利用についての計画の概要 ②新たに建てる建物の設計の概要 ③団地内建物の全部の取壊し及び再建建物の建築に要する費用の概算額 ④前号に規定する費用の分担に関する事項 ⑤再建団地内建物の区分所有権の帰属に関する事項 ＊通知事項は単棟マンションの建替えと同じ
集会の招集	集会の会日の 2 月以上前	

決議要件	団地建物所有者の土地共有持ち分割合の4分の3以上（なお、建替える棟の区分所有者は建替え承認決議には賛成したものとみなす）。また、建替えにより、建替える建物以外の建物に特別の影響を及ぼすべきときは、その建物が区分所有建物であるときはその建物の区分所有者の議決権の4分の3以上の賛成が必要となる。	団地内建物の区分所有者及び土地共有持ち分割合の5分の4以上。なお、各棟の区分所有者と専有面積割合の各3分の2以上が賛成をしていなければならない。

　区分所有法第70条の団地一括建替え決議の総会の招集から売渡し請求権の行使までの仕組みは、単棟型マンションの建替え決議の仕組みに準じています。また、建替え決議後の手続きについても、基本的には単棟型マンションの建替えをする場合と同じと考えてください。

　なお、団地の状況によっては、建築基準法や都市計画法等の公法上の制約を受けていることもあります。そのため、建替え等を検討するときは、こうした制約があるか否かのチェックも必要となります（この点については、一級建築士等の建築の専門家に確認をするようにしてください）。

棟集会はどのようにして招集すべきか

　区分所有法第69条の建替え承認決議をするときは、棟集会で建替

え決議をする必要があります。では、棟集会はどのようにして招集するのでしょうか。

　この点については、第4章の157～159頁で述べている、規約もなく管理組合も設立されていないマンションにおける総会の招集の手続きに準じて対応をすることになります。すなわち、棟の区分所有者と議決権の各5分の1で棟集会の招集をすることになります。

▶被災マンション法の規定

2013年に改正された被災マンション法では、団地内で全部滅失した建物があるときに、一部の棟の再建や建替えの承認決議等をするための団地建物所有者等集会や管理者の規定に加えて、具体的に以下のケースについて規定されています。

> ⅰ　団地内建物が滅失した場合における再建承認決議
>
> ⅱ　団地内建物が滅失した場合における建替え承認決議
>
> ⅲ　団地内建物が滅失した場合における建替え再建承認決議
>
> ⅳ　団地内建物が滅失した場合における一括建替え等決議

　この中でⅰからⅲは区分所有法第69条の建替え承認決議を準用したものであり、ⅳは区分所有法第70条の団地一括建替え決議を準用したものとなっています（区分所有者等の5分の4以上の多数で決議。ただし、各棟の区分所有者の3分の2以上の賛成が必要となります。また全部滅失した棟の議決権は、その棟の区分所有者だった者の土地共有持分価格でカウントします）。

表 5-3　ⅰ からⅲ の決議について

	ⅰ について	ⅱ について	ⅲ について
決議の概要	滅失した棟の再建について、団地建物所有者等の集会で承認すること	滅失した棟の再建と滅失していない棟の建替えについて、団地建物所有者等集会で承認すること	滅失した棟の再建と滅失していない棟の建替えを一括して団地建物所有者等集会で承認すること
決議をするための要件	被災前は、一団地内の数棟の建物の全部または一部が区分所有建物であり、かつ土地共有団地であったこと		
承認決議要件	土地持分価格割合の 4 分の 3 以上		
その他 （ⅰ およびⅱ について）	・再建の決議をした敷地共有者等や建替え決議をした棟の区分所有者等は賛成の議決権行使をしたものとみなす ・2 月以上前に集会の招集通知を発送する ・再建や建替えをしない建物の区分所有者に特別の影響を及ぼすときの区分所有法第 69 条第 5 項の規定の準用 ・2 以上の建物や特定滅失建物の再建や建替えについて一括して承認決議に付すことができること（この場合、滅失した建物の敷地共有者等集会で、2 以上の建物や特定滅失建物の再建や建替えについて一括して承認決議に付する旨を決議（5 分の 4 決議）をすることができる）		

▶売却について

被災マンション法において、単棟型のマンションについては前章でも述べたように建物が全部滅失したときには敷地売却、また建物が大規模一部滅失をしたときにも建物敷地売却や建物取壊し敷地売却についての決議の規定が定められています。ところが**団地内建物が大規模一部滅失や全部滅失したときについての「売却」についての規定はありません。**

　そのため、被災団地で団地敷地の売却をするときは、団地建物所有者全員の同意が必要になります。

再建や建替え承認決議で団地の復興をするときのその他の留意点

▶管理

一括建替え決議ではなく、一部の棟の再建や建替えの承認決議をしたときは、それらの棟が再建等されたあとは、1つの団地の中に新しい建物と古い建物が併存することになります。建物の築年数によっては修繕積立金の額も異なる可能性がありますし、建物の管理も変わるかもしれません。このようなことを考えると、**再建や建替えの検討の際に、将来の団地の管理についても並行して検討をする必要があるでしょう。**

▶建替えない棟の管理

前述のとおり、団地の棟の一部が全部滅失すると、団地管理組合も解散することになりますが、この際に、建替えない棟についての管理は考えておくことが必要になります。具体的には次のような考え方があります。

i　棟の総会で規約を作り棟の管理組合を設立する

ii　棟の総会で管理者を選定して、管理者による管理をする

　いずれの場合も、棟の管理をするときは管理費が必要ですし、修繕積立金も必要となるでしょう。この点についても検討が必要になります。

▶ 新しい団地の規約の設定

再建後に団地管理組合で各棟の管理を行うときは、新たにその内容の規約を設定することが必要です。なお、団地の規約を設定する際には、区分所有法第 68 条の規定をよく理解して対応しなければいけません。

　また、この際は、前述の「管理」の点も踏まえて管理の形を考える必要もあるでしょう。

【編著者】

大木 祐悟（おおき ゆうご）

一般社団法人不動産総合戦略協会理事長

旭化成不動産レジデンスマンション建替え研究所副所長。マンション再生等マンションをめぐる諸問題、借地借家法、不動産相続問題等に精通。「マンション建替えの法と実務」（共著、有斐閣）、マンション再生（プログレス）、最強マンションの選択眼（ロギカ書房）等多数。論説・講演多数。

伊藤 朋子（ごとう ともこ）

NPO 法人かながわ 311 ネットワーク代表

マンション防災にかかる様々な情報発信をするとともに、講演、マンションに出向いての研修、Workshop 等多数。「東京防災学習セミナー」のテキスト作成をはじめ様々な防災マニュアルの作成にも協力。

【執筆者】

濱田 晴子（はまだ はるこ）

一般社団法人 しずおか住環境防災サポートセンター 代表理事

林田 健一（はやしだ けんいち）

リムザ自治会長

後町 伸司（ごちょう しんじ）

リムザ自治会 会計役員

熊谷 貴和（くまがい たかかず）

リムザ自治会 防災監修役

久保井 千勢（くぼい ちせ）

三田シティハウス 防災委員長

加藤 勲（かとう いさお）

ブラウシア管理組合法人 防災委員会防災委員長

災害が来た！
どうするマンション

2023 年 2 月20日　初版発行

編　著	©大木祐悟・伊藤朋子
著　者	濱田晴子・林田健一・後町伸司・ 熊谷貴和・久保井千勢・加藤 勲
発行者	橋詰 守
発行所	株式会社 ロギカ書房 〒 101-0052 東京都千代田区神田小川町 2 丁目 8 番地 進盛ビル 303 号 Tel 03（5244）5143 Fax 03（5244）5144 http://logicashobo.co.jp/
印刷・製本	藤原印刷株式会社

Printed in Japan
定価はカバーに表示してあります。
乱丁・落丁のものはお取り替え致します。
無断転載・複製を禁じます。
978-4-909090-90-4　C0036